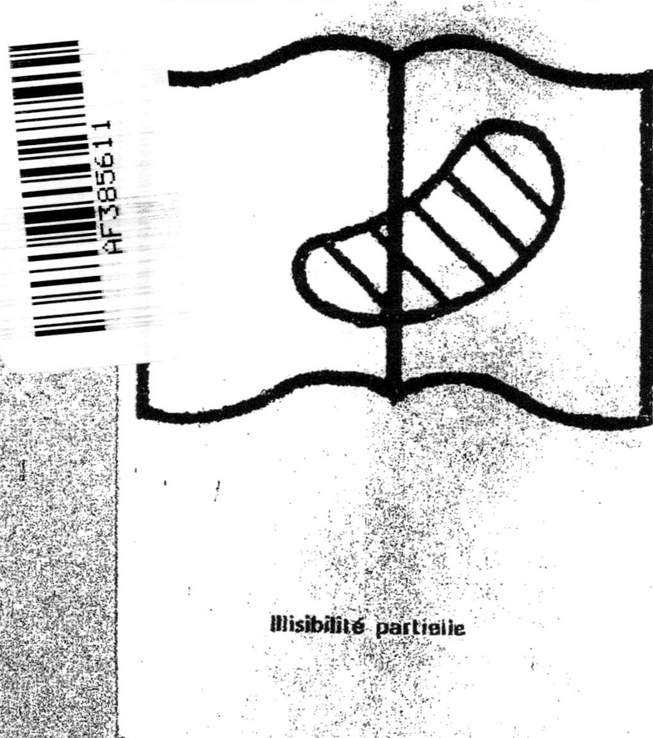

Illisibilité partielle

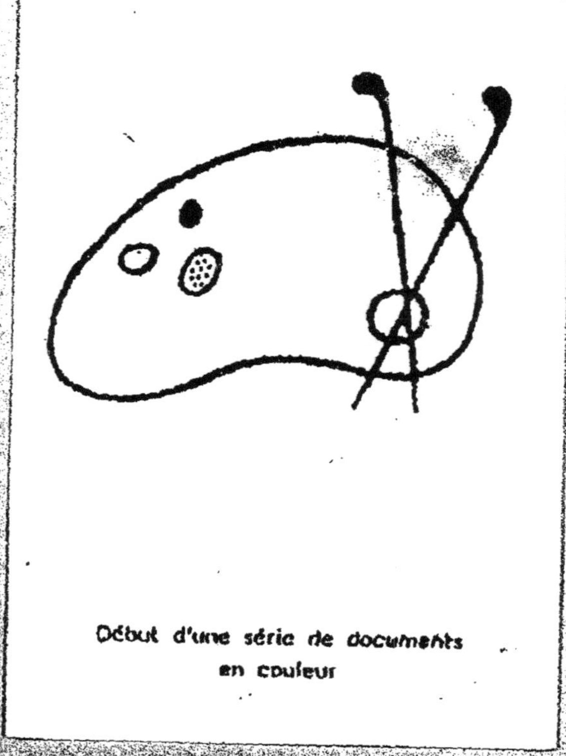

Début d'une série de documents
en couleur

LE LIVRE ROUGE,

Rare

OU

Liste des Pensions Secrettes,

SUR LE TRESOR PUBLIC;

CONTENANT

Les Noms & Qualités des Pensionnaires, l'Etat de leurs Services, & des Observations sur les Motifs qui leur ont Mérité leur Traitement.

PREMIERE CLASSE.

PREMIERE LIVRAISON.

DE L'IMPRIMERIE ROYALE.

1790.

Prix 4 liv.

LE LIVRE ROUGE,

OU

LISTE DES PENSIONS SECRETTES

SUR LE TRÉSOR PUBLIC,

Contenant les noms & qualités des Pension-naires, l'état de leurs services, & des Observa-tions sur les motifs qui leur ont mérité leur trai-tement.

PREMIERE CLASSE.

PREMIERE LIVRAISON.

———

DE L'IMPRIMERIE ROYALE.

1790.

LE LIVRE ROUGE

ALICRE (Etienne-François d'), premier préſident honoraire du parlement de Paris, commandeur de l'ordre du Saint-Eſprit. . . . . 90,000 livres.

1°. 12,000 livres, comme agent ſecret & très-bénévole du gouvernement auprès de ſa compagnie. 2°. 12,000 livres en la même qualité. 3°. 12,000 livres pour l'enregiſtrement de l'excluſion des jéſuites. 4°. 12,000 livres pour l'enregiſtrement des deux vingtiemes. 5°. 12,000 livres pour la diſtinction de ſes ſervices dans l'affaire *Maupou*. 6°. 15,000 livres pour ſes ſervices ſignalés dans l'accaparement des bleds. 7°. Enfin, 15,000 livres pour ſon extrême complaiſance dans les divers enregiſtremeuts qui euſſent dû exciter ſes réclamations.

OBSERVATIONS.

En ouvrant la premiere liſte des penſions imprimées, nous avons été ſurpris, avec raiſon, que ce galant homme n'eût des bienfaits du roi que 30,000 livres. Nous nous ſommes écrié : Bon Dieu ! que les préſidens de nos parlemens s'eſtiment peu, puiſqu'ils ſe laiſſent acheter à ſi bas prix ! Quel homme du peuple, de ceux même que M. *Mounier* avilit & diffame avec tant de complaiſance, ſous la dé-

A 2

nomination parafit de *bandits* , ne vendroit que 30,000 livres fa confcience, fon honneur & fa réputation ? Il faut avouer qu'Etienne-François d'Aligre s'eft montré patriote & défintéreffé, on ne peut davantage, en fe contentant de fi peu. On ne peut fervir toutes les paffions d'une cour diffolue & tyrannique à meilleur marché ; & quand on fe rappelle le genre de fervices de ce fameux magiftrat, on ne peut ajouter foi à la réputation d'avare que lui ont fait fes cliens.

ALIGRE , (Demoifelle Baudry d') époufe du préfident de ce nom.............36,000 liv.

1°. 12,000 liv. pour la dédommager de l'ennui auquel l'expofa meffire d'Aligre fon époux, foit par les fréquens & noĉturnes voyages faits à Verfailles, pour le fervice de la cour ; foit des nuits, des femaines entieres qu'il paffoit à recevoir fes inftruĉtions ou à rendre fes comptes aux miniftres & aux concubines de nos rois ; foit, enfin, par les momens qu'il paffoit dans les bras de fes maîtreffes pour oublier le mépris public, la méfeftime de fa compagnie & les retours à la vertu, dont cette femme raifonnable lui donnoit fouvent l'idée. 2°. 12,000 liv. pour les fervices de fon époux. 3° 12,000 liv. pour les mêmes fervices.

OBSERVATIONS.

Dans la lifte de la feconde claffe des penfions, on

ne trouve à l'article de cette femme vertueuse qu'un bienfait périodique de 8,000 liv. Mais son arpagon d'époux trouva le moyen de tirer un double salaire de ses basses complaisances. Indépendamment des heureux qu'il faisoit sur les fleurs-de-lys avec les deniers royaux, il voulut qu'il en rejaillît quelque chose jusques sur ses foyers, & c'est ainsi que, peu content des modiques gratifications de 5 à 600,000 liv. qu'il recevoit sans pudeur, pour prix de ses bassesses & de ses trahisons, il s'étoit fait seulement à lui personnellement 120,000 liv de pension sur le trésor-royal, & avoit gratifié sa femme de 44,000 liv sur la même caisse.

AMELOT (Antoine-Jean) secrétaire d'état. . . . . 130,000 liv.

1°. 50,000 liv. réversibles de sa mere, maîtresse douairiere de Louis XV. 2°. 25,000 liv. pour ses services, comme secrétaire d'état. 3°. 25,000 liv. encore pour ses services dans cet emploi. 4°. 30,000 liv. à titre de retraite d'intendant de Bourgogne & de secrétaire d'état.

OBSERVATIONS.

Les personnes qui, en voyant la premieer *liste*, n'avoient d'abord pensé qu'aux sottises faites par ce ministre, en Bourgogne, tant qu'il y fut intendant, puis à Paris, où il signa les 40,000 lettres de cachet que lui présenta le fameux le Noir, ces personnes, dis-je., ont été un peu étonnées de voir que cet homme inepte & nul possédoit lui seul plus que dix généraux d'armée réunis. Mais songe-t-on aux services qu'il a rendus à l'état, en réparant les fautes de la cour, au moins la faute capitale qu'on fit faire à Louis XVI, lorsqu'on lui fit élever *Antoine-Jean* au ministere? C'est un bienfait impayable que cet honnête homme a signalé envers la patrie, lorsqu'il s'est retiré du ministere.

AUMONT, (duc de Villequier d') premier gen-tilhomme de la chambre du Roi....... 60,000 liv.

1°. 20,000 liv. pour les services de sa maison. 2°. 12,000 liv. pour ses propres services. 3°. 12,000 liv. comme courtisan de Louis XV & de madame la com-tesse Dubarry. 4°. 16,000 liv. pour ses complaisances auprès de cette favorite.

OBSERVATIONS.

On déprise avec raison, l'absolu, l'orgueilleux Louis XIV, à cause de son foible pour la flatterie; mais on lui doit au moins la justice de dire qu'il s'étoit environné de flagorneurs célèbres par leurs talens & leur esprit. Quelle différence entre sa cour & celle de son petit fils! Un *Richelieu*, un *d'Aiguillon*, un *Choiseuil*, un *Maupou*! quels homme à opposer à *Mo-liere*, à *Despréaux*, à *Racine*, à *Fénélon*, à *Bossuet*! M. *d'Aumont Villequier* étoit sans doute, nous osons l'avancer, l'être le plus corrompu, le plus bête, le plus plat, le plus complaisant de la sequelle qui obsédoit le pauvre Louis XV ; & c'est pour récompenser les vices & l'ennui dont il fatiguoit ce Roi pusillanime, que S. M. le gratifia d'une pension de 60,000 liv. *O tempora ! O mores !*

BARENTIN, (Charles-Louis-François de Paule) ancien Garde-des-Sceaux de France..... 120,000 liv.

1°. 30,000 liv. pour ses complaisances dans le poste d'avocat-général du parlement de Paris. 2°. 30,000 liv. pour ses complaisances dans la place de premier présydent à la cour des aides. 3°. 60,000 pour les admirables projets qu'il a de dissoudre l'assemblée nationale.

OBSERVATIONS.

Quis est hic & laudabimus eum ? C'est sans doute un grand homme, celui qui a mérité une pension de 120,000 liv. C'est payer bien cher deux ou trois mauvais discours prononcés, au nom du Roi, dans l'assemblées nationale ; c'est payer bien cher quelques persides conseils donnés à ce bon prince ; c'est payer bien cher la nullité d'un lâche qui, au lieu de se travestir en religieuse *annonciade*, auroit dû présenter avec fermeté sa tête *innocente*, ainsi qu'il la qualifie, au glaive des loix, & ne pas chercher à rendre sa cause encore plus mauvaise, en distribuant avec profusion un manifeste contre la nation, qu'il intitule : *Mémoire justificatif.*

BEARN, (Georgette-Félicité-Catherine de) ancienne dame d'honneur pour accompaguer MADAME. . . . . 120,000 liv.

1º. 100,000 liv. pour prix du courage avec léquel elle a frondé les préjugés & les farcafmes des gens de cour, en fervant de maraine à madame Dubarry, lors de fa *préfentation.* 2º. 20,000 liv. pour continuation d'appointemens, & pour récompenfer la complaifance avec laquelle elle s'eft retirée lorfqu'on n'a plus eu befoin d'elle.

OBSERVATIONS.

Il faut avouer que c'étoit payer bien chérément la vile *étiquette* d'une *préfentation* qui coûta 6 milliards à la France, & affura pour jamais la décadence d'un empire qu'on avoit vu fi floriffant. O femmes ! O catins ! catins de toute efpece, catins de tout pays, vous en voulez-donc bien aux pauvres François !

BEAUMARCHAIS, (Pierre-Auguftin-Caron de) écuyer, fecrétaire du Roi. . . . . 1,100,000 liv.

1º. 60,000 liv. en confidération de fa difcrétion fur les couches de madame Adélaïde, fœur du Roi Louis XV. 2º. 150,000 liv. pour fon expédition à Londres, où il a été, fous les ordres de *Receveur,* efpion de police, pour féduire & arrêter *Morande,* auteur de pamphelets calomnieux. 3º. 400,000 liv. pour avoir procuré à S. M. la veuve Séguin & la

petite

petite Sélim. 4°. 480,000 liv. pour prix de ses pam-
phlets contre les parlemens.

OBSERVATIONS.

Ecce iterùm crispinus.

Oh ! combien le métier de copiste est infâmant &
pénible, lorsqu'il s'agit de voir naître au bout de sa
plume le nom d'un monstre que la terre frémit d'a-
voir produit ! Doit-on être étonné que *Beaumarchais* fût millionnaire, quand on considere que ce
scélérat fut toujours le fauteur ou le ministre de tous
les forfaits ? Poison, poignard, espionnage, calomnie, persécutions, flagorneries, trahisons, perfidies,
tout lui fut familier, tout servit à grossir son opulence. Eh ! c'est au moment où la France va être
restaurée ; au moment où les mœurs vont être puri-
fiées, & où l'on ne peut acquérir sans les mœurs
& les loix ; qu'on souffre au nombre des citoyens,
que dis-je, sur la liste des citoyens, par excellence,
des représentans de la commune, un scélérat dont la
tête eût dû, dès long-temps, tomber sur l'échafaud.

BEAUVEAU, (Charles-Just, prince de) capitaine des
gardes du Roi, & gouverneur de Provence. 10,000 liv.

1°. 5,000 comme partisant des Choiseuils. 2°. 5,000 l.
comme ami particulier de la Reine Marie-Antoinette
d'Autriche.

B

OBSERVATIONS.

Homme d'esprit, académicien, général d'armée, ministre d'état, gouverneur de la plus belle & de la plus riche province du royaume, partisan d'une cabale aussi puissante que l'étoit celle des Choiseuls, commandant des ordres du Roi, grand d'Espagne, & plus grand encore en France, & avec toutes ses prérogatives, n'avoir que 24,000 liv. dans les *listes* imprimées, & dix dans le *livre rouge*. A coup sûr le prince de Beauveau est un honnête homme.

BERTIN (Henri-Léonard-Jean-Baptiste) 100,000 l.

1°. 30,000 liv. pour la fidélité avec laquelle il recueillit & conserva les deniers du feu Roi, destinés à ses plaisirs secrets; 2°. 36,000 liv. comme gouverneur en chef du *parc-aux-cerfs*, où sérail de Versailles; 3°. 34,000 liv. pour avoir plusieurs fois brouillé on raccommodé Louis XV avec ses maîtresses.

OBSERVATIONS.

Le bonhomme Henri-Léonard n'avoit, au su de tout le monde, d'après la première liste, qu'une modique retraite de 70,000 liv., & l'on avouera que c'étoit très-peu de chose, eu égard à l'importance du personnage, & de ses services. Né d'un directeur de la poste aux lettres, d'un village du Périgord, ignore-t-on qu'il vint à Paris avec des sabots, & qu'il doit en coûter furieusement pour établir, sur des titres

-auſſi authentiques, une bonne généalogie; car la manie de M. Bertin fut toujours de paſſer pour grand
ſeigneur, & cette manie lui coûta plus de 3,000,000 l.;
cela n'empêche pas qu'il n'ait des domaines immenſes,
des châteaux magnifiques, & des tonnes d'or. Ma foi,
vive l'ineptie & le tréſor royal !

BONNAC (l'abbé d'Uſſon de) aujourd'hui évêque
d'Agen. . . . . 40,000 liv.

A la recommandation & ſur le *bon* de madame Dubarry.

OBSERVATIONS.

Cette *princeſſe* ne s'eſt que montrée équitable & re-
connoiſſante. L'abbé d'Uſſon l'a connue lorſqu'elle
n'étoit que *Manon* ; il la ſecouroit alors, ainſi que
la veuve *Gomard*, ſa mere. La chronique ſcandaleuſe
veut qu'il ait eu ſes prémices ; c'eſt ce que nous ne
pouvons prouver ; mais du moins eſt-il inconteſtable
que *Manon*, devenue mademoiſelle de *Lançon*, puis
mademoiſelle le *Vaubernier*, puis... lui avoit donné
des plaiſirs cuiſans, qui l'obligerent à des dépenſes
extraordinaires ;... madame *Dubarry* voulut réparer
les fautes du tempérament de M. l'abbé ; delà la penſion
ſecrette ; delà l'évéché d'Agen.

BRÉZÉ (Jean-Georges-Marie, marquis de) grand-
maître des cérémonies. . . . . . . 60,000 liv.

1°. 15,000 liv. en conſidération de ſes ſervices ;

2°. 15,000 liv. pour même confidération ; 3°. 30,000 l. pour lui aider à foutenir dignement la charge de *grand maître des cérémonies*, & en confidération des fervices du marquis de Brézé, fon pere, dans la même charge.

OBSERVATIONS.

Oh ! le grand homme que ce marquis de Brézé ! que fes fonctions font vénérables ! qu'elles font utiles, fur-tout, & quel génie fublime ne faut-il pas pour empêcher toute une cour, des effaims de coquettes & de petits-maîtres, de bleffer madame *étiquette* ? N'eft-ce pas lui qui regle le coftume à la mode, les faifons & l'ufage des étoffes ? N'eft-ce pas à lui que l'affem-blée nationale même a recours dans le befoin ? Par exemple, pour la préféance des officiers municipaux, militaires, &c. &c. Oh ! le grand homme que ce marquis de Brézé !

BRIONNE (la comteffe de) . . . . . 60,000 liv.

1°. 20,000 liv. pour les fervices du duc de Choi-feul, fon parent & intime ami ; 2°. en 1788, 20,000 l. pour l'aider à foutenir les dépenfes qu'elle a faites pour faire échouer la convocation des états généraux ; 3°. 20,000 liv. pour fes liaifons avec MM. de Baren-tin, le Noir, Broglie, & la ducheffe de Grammont.

OBSERVATIONS.

Quelle femme que cette comteffe de Brionne ! Faut-il des maîtreffes à un roi ? elle fe met fur les rangs avec

la *Dubarry*. Faut-il conspirer contre le bien public?
elle paroît sur la scene avec d'Eprémefnil, d'Aligre,
Maury, Barentin. Faut-il être aristocrate? vous la
trouverez par-tout où ces petits êtres s'assemblent &
s'ameutent. O l'admirable femme que cette comtesse de
Brionne! elle vaut presque la duchesse de *Grammont*.

BROGLIE, (Victor-François, duc de) maréchal de
France, ... 300,000 liv.

1°. 100,000 livres pour ses services militaires; 2°.
100,000 l. pour ses conquêtes; 3°. 100,000 l. pour
indemnité des batailles qu'il a perdues.

OBSERVATIONS.

Quelles batailles a gagnées ce fameux général, que
le roi de Prusse jugeoit, dit-on, le seul capable de faire
respecter les armes françoises? Ah! le roi de Prusse
étoit plus fin que tous les rois, que tous les ministres,
que tous les généraux ensemble; par ces fausses louanges, il jouoit à la France le même tour qu'à la Russie,
en célébrant les talens militaires du médiocre *Wagner*,
que tout le monde sait être le plus mauvais guerrier
de l'Europe. L'impératrice combla de bienfaits un général que Frédéric eût été très-fâché d'avoir pour lieu-
tenant dans son armée; & la France acheta quatre cent
mille livres périodiques le savoir faire de celui qui, le
12 Juillet, voulut la réduire en cendres!

CAMPAN, (Jean-Georges-Mathieu) premier valet-
de-chambre, secrétaire de la reine, ... 45,000 liv.

1º. 10,000 liv. pour les services par lui rendus à sa majesté ; 2º. 25000 liv. pour lui tenir lieu d'appointemens pour sa double charge de secrétaire intime & de valet-de-chambre ; 3º. 10,000 liv. pour arrérages & pour les services de ses parens.

OBSERVATIONS.

Pourquoi cet homme, dont tout le monde connoît l'avarice ; cet homme dont les services infâmes ont plus déshonoré une femme illustre que ses propres vices ; un homme, l'horrible pendant, & l'odieux associé du complaisant *Bazin*, n'est-il pas imprimé dans les listes déjà publiées ? Croit-on nous persuader qu'il n'étoit pas pensionnaire de l'état ? Mais vingt fois, vingt mille fois il a pris ce beau titre dans ses correspondances, dans ses actes publics. D'ailleurs, il appartenoit à une maîtresse qui donnoit à pleines mains, sur-tout aux gens qui servoient avec le zele de Campan ou sa haine ou ses plaisirs.

COIGNY, (le duc) premier écuyer du Roi, ... 1,000,000 liv.

1º. 100,000 liv. pour l'aider à soutenir son rang à la cour ; 2º. 100,000 liv. pour la même considération ; 3º. 100,000 liv. à la recommandation de madame *Dubarry* ; 4º. 200,000 liv. à la recommandation de la Reine ; 5º. 200,000 liv. pour lui tenir lieu d'appointemens pour la charge de premier écuyer du Roi ; 6º. 200,000 liv. en indemnité de la suppression de la dite charge ; 7°. 100,000 liv. en considération de ses services, & à titre de retraite.

OBSERVATIONS.

Le grand Sully réunissoit sur sa tête les quatre premieres charges de la couronne, & Sully n'avoit que 20,000 liv. de bienfaits d'un roi son ami, dont il avoit, pendant vingt ans, partagé les fatigues, les guerres & les dangers ; & un petit coureur de ruelles, qui n'a d'autre mérite que celui d'avoir été quelque temps le bas flatteur de la *Dubarry*, dont il avoit jadis payé les faveurs vénales ; d'avoir été encore le bouffon & le pantin d'une souveraine dont il s'est effrontément & imbécillement flatté d'avoir partagé la couche ; a rassemblé sur sa tête stupide un million de rentes, & cette seule qualité d'homme opulent l'a fait élire député aux *états généraux* ?

Voilà, oh ! voilà bien le François !

DILLON, (Artur, appellé vulgairement le beau Dillon) colonel-propriétaire du régiment Irlandois de son nom, ... 160,000 liv.

1°. 15,000 liv. en considération de ses services aux Antilles ; 2°. 30,000 liv. en la même considération ; 3°. 30,000 liv. à la recommandation de la Reine, pour la même considération ; 4°. 85,000 liv. en attendant un gouvernement.

OBSERVATIONS.

Ce beau garçon avoit déjà été couché fur la feconde lifte des penfions pour la fomme d'environ 11,000 liv. pour la même confidération. Il eft vrai que le gouvernement de Saint-Chriftophe ayant déplu à Marie-Antoinette, le bonhomme Louis XVI qui, pour fon repos & l'honneur de fon front, avoit jugé cet éloignement néceffaire, d'après une aventure de bal dont il avoit été témoin, avoit été forcé de rappeller l'amant exilé, & qu'on ne peut attirer à la cour un favori de cette importance, connu de toutes les belles, & faifant la partie de la Reine, fans pourvoir à la fomptuofité de fa dépenfe. Le beau Dillon a perdu un œil en paffant les remedes ; c'eft une confidération qui n'a pas échappé à celle qui fe croyoit obligée de le dédommager d'un pareil malheur.

DUBARRY, (comte, appellé vulgairement *le gros Dubarry*, pour le diftinguer de fes freres, qui étoient tous comtes, (1)..............) 80,000 liv.

Pour foutenir dignement l'honneur diftingué que lui a fait la favorite *Lange*, en prenant fon nom à la face des autels.

OBSERVATIONS.

Louis XV, après avoir couché fept à huit fois

______

(1) Sans doute à la mode de Bagnols.

avec la belle *Lange*, demanda au complaisant *le Bel*, qui la lui avoit *procurée*, si elle étoit mariée ; sur la négative, *mariez-la*, lui dit-il, en présence de sa cour, *afin de m'empêcher de faire quelque sottise*. C'est ainsi que *Lange* devint *comtesse*, en épousant le gros *Dubarry*, espece de sac à vin, se vautrant la nuit & le jour dans la fange & dans la plus cra-puleuse débauche. On donna 300,000 liv. comptant à cet heureux mortel ; outre cela, on lui fit un traitement de 80,000 liv. qu'il dépensoit au cabaret ou dans les b..., où il menaçoit tout le monde de les faire pendre par l'autorité de sa femme, qui avoit l'honneur de coucher avec S. M.

DUBARRY, (Jean, comte) appellé le *comte Jean*, beau-frere de la favorite de ce nom, .. 150,000 l.

Réversibles à ses enfants & aux petits-enfans de ses petits-enfans.

1°. 15,000 liv. pour les services rendus à Louis XV, en lui livrant, par les mains du sieur *le Bel* son valet-de-chambre, la demoiselle *Lange* sa maî-tresse ; 2°. 75,000 liv. pour ses services dans la ca-bale des *Maupou*, d'*Aiguillon*, *Nivernois*, contre les *Choiseul*, &c. &c. &c. &c. &c.

OBSERVATIONS.

Toucher les millions à souhait, conserver à per-pétuité 150,000 liv. de rente, pour avoir mis dans le lit royal une courtisanne dont des perruquiers, des intrigans, des escrocs, & la plus vile populace avoient savouré les faveurs & usé le tempéramment, c'est vendre une catin bien cher. Cependant voilà tous les titres du *comte Jean* aux bienfaits royaux; & c'est ainsi qu'on plaçoit jadis le fruit des sueurs de douze millions d'hommes !

FERSEN, (Comte de) mestre de camp, propriétaire du régiment de royal-Suédois. . . . . . 150,000 l.

1°. 100,000 liv., à la recommandation de la reine, Marie-Antoinette ; 2°. 50,000 liv. en considération de la distinction de ses services.

OBSERVATIONS.

Voici une nouvelle preuve que cette auguste princesse ne fut jamais ingrate. Tout le monde connoît les traitemens pécuniaires qu'elle fit aux Polignac, aux Noailles, aux Bazin, aux Campan, mais on feignoit d'ignorer la maniere dont elle récompensoit ses amis plus intimes encore. Vermont, Dillon, Coigny, Bezenval & le beau Fersen, ne furent pas oubliés dans la distribution des graces secrettes, & l'on sera forcé d'avouer qu'elle ne payoit pas mal le dégoût de prodiguer des caresses simulées à une femme dont la couleur des cheveux émoussoit les dispositions les plus décidées.

FEZENZAC, (Henri-Jacques, marquis de Montesquiou) gentilhomme de la manche du roi & des princes freres de sa majesté. . . . . . . 160,000 liv.

1°. 60,000 liv. pour l'aider à soutenir l'éclat de son nom ; 2°. 45,000 liv. en considération de son amour pour la gloire ; 3°. 15,000 liv. pour avoir gagné un procès que la loi lui défendoit d'entreprendre ; 4°. 400,000 liv. en considération de différens services rendus par lui , par les ancêtres qu'il a adoptés , & encore pour avoir retiré de la poussiere une famille qui porte un nom fameux.

OBSERVATIONS.

M. le marquis de Montesquiou , dit Fezenzac , malgré un arrêt du parlement , qui lui défend de se revêtir de ce nom , éteint depuis plusieurs siecles , est président du comité des finances de l'assemblée nationale. Il est de plus cordon bleu , pour avoir gagné un fameux procès en 1784. Il fut fait académicien , pour avoir joué quelques proverbes-comédies de sa façon , & député aux états-généraux , comme premier écuyer de *Monsieur.* On sent bien que cette homme , l'aristocrate le plus impudent & le plus fier qui fût jamais , cet homme qui eut la bassesse de réfugier à Maupertuis le scélérat le Noir , son ami , & le pere de la dame *de Nanteuil* , sa maîtresse , qui n'inscrivit ce scélérat sur la premiere liste que pour 47,000 liv. , tandis qu'il jouissoit de 200,000 liv. de bonnes pensions , n'étoit pas assez mal-adroit pour s'inscrire , lui , Fezenzac , comme ayant au moins 110,000 liv. de rentes sur le trésor royal.

GRAMBONNE, (*Marie-Jeanne* de) ci-devant maîtresse de Louis XV. . . . . . 60,000 liv.

Pour les services de son pere.

OBSERVATIONS.

Eh ! quels services avoit pu rendre à l'état le pere
obscur & pauvre d'une fille *péchée* par la répudiée *Pois-
son* d'Etoiles, dans un de ces jardins publics où les
grisettes de Paris vont en bonnes fortunes , à la faveur
des ténebres? Etoit-ce un général d'armée , un administrateur économe & sublime ? Etoit-ce un duc de
Saxe , un Sully? A peu-près , Messieurs , c'étoit un
honorable tisserand à qui on acheta 600 liv. de rente
son agrément pour la transition légitime de sa fille de
la couche royale dans celle du banquier dont elle porte le nom.

GRAMMONT. (madame la duchesse de) 130,000 liv.

Tant pour ses divers & importans services dans les
affaires politiques que pour ceux du feu duc de Choiseuil son frere.

OBSERVATIONS.

Ne calomnions pas les bienfaiteurs de l'humanité.
Madame de Grammont a beaucoup influé dans l'administration. Son regne commença avec sa beauté. Elle
captiva Louis XV , & il est indubitable que , pour

faire niche à sa puissante ennemie, la favorite en titre, le duc de Choiseuil glissa clandestinement sa sœur dans la couche royale. Cette complaisance, de part & d'autre, valoit bien quelque chose, & puis le danger auquel s'expose une grisette, en partageant les carresses d'un homme avec une femme du métier, méritoit aussi quelque considération. La duchesse, qui ne put culbuter d'*Aiguillon*, *Boynes*, ni *Maupeou* a pourtant acquis un grand crédir depuis ce temps. C'est elle qui a élevé Calonne, qui a soutenu le scélérat le Noir contre tous ses crimes, la haine & l'exécratiou publique, & contre la juste méfiance de Louis XVI.

Joly - de - Fleury, (Jean-François) ministre d'état ; ci-devant chargé du département des finances. .... 54,000 liv.

1°. 14,000 liv. comme intendant-général des limiers parlementaires. 2°. 10,000 liv. en considération de ses services. 3°. 30,000 liv. en la même considération.

N. B. On observe que cette derniere pension est réversible à Joly-de Fleury, avocat-général au parlement de Paris, en considération de la distinction de ses services.

Observations.

Moi je soutiens qu'on a été injuste envers ce bonhomme-là ; quand on est aussi complaisant que le Joly-de-Fleury ; qu'on est assez courageux pour être l'ami

le flatteur d'un *le Noir* ; quand on a sur-tout le bonheur de succéder à Necker , & qu'on ne montre pas
tout-à-fait à découvert les ulceres de l'état à l'agonie,
on est impayable , & ni les 66,000 liv. de la premiere
liste des pensions , ni les 54,000 liv. du *livre rouge*,
ne peuvent jamais acquitter les dettes de la patrie envers un si grand homme.

LA VERDY , (
) ancien contrôleur des finances. 70,000 liv.

1°. 30,000 liv. pour son zele à servir madame Dubarry. 2°. 40,000 liv. à titre de retraite lorsqu'il a
été expulsé du ministere par ladite dame.

OBSERVATIONS

C'est ainsi que les gens nuls étoient jadis récompensés. Le stupide académicien *La Verdy* jouir d'environ
cent mille livres de retraite, & le sage & sublime
Malesherbes , tant pour ses services personnels à la
cour des aides, au parlement, au ministere, que pour
les services du chancelier Lamoignon son digne pere ,
ne possede en tout qu'une pension de 27 mille livres.
Mais c'étoit alors le regne des frippons & des.....

Mad. LE NORMANT née mademoiselle *Morfi*, mai-
tresse de Louis XV............... 155,000 liv.

1°. 100,000 liv. pour avoir eu l'honneur de partager
la couche royale , & de détacher , par ses soins, S.
M. de la vieille *Pompadour*. 2°. 55,000 liv. pour l'ai-

der à former la dot de sa fille, qu'elle a eu la bonté
de marier au neveu, d'autres difent au fils de M.
l'abbé *Terrai*.

OBSERVATIONS.

Ainfi, dans un moment où l'on puifoit dans toutes
les bourfes, où l'on prenoit dans toutes les poches,
où l'on fe mocquoit des créanciers de l'état, où l'on
les ruinoit fans pitié par des réductions défaftreufes,
par de fcandaleufes banqueroutes c'eft dans ce moment qu'une horde de brigands & de femmes corrom-
pues, fe partageoient le fruit des fueurs de vingt millions d'hommes ! Il eft vrai que ce fcandale a été renouvellé de nos jours, fous une autre forme. Sous Louis
XV, ce fut le regne des catins & des maq...., fous
notre Roi, ce fut celui des *amans* & des maq.

MAURY, (Jean-François) abbé de la Frénade &
prieur de Rioms , ... 250,000 liv.

1°. 40,000 liv. en confidération de fes fervices rendus à M. de Lamoignon , dans l'affaire des parlemens ;
2°. 100,000 liv. pour la facture de fon *Avis au peuple*,
en date du 5 mai 1788 ; 3°. En mars 1789, 10,000 l.
en attendant qu'il foit pourvu d'un évêché ; à condition qu'il fera échouer les projets de l'affemblée nationale ; & qu'il n'abandonnera point le parti *Ma-*
louet, de *Mounier*, du faint archevêque de Paris,
& du fidele cardinal *de la Rochefoucault* ; 4°. 100,000 l.
en confidération de fes fervices au comite de Marly.

Observations.

Ainsi ce prêtre athée , le plus ambitieux , le plus scélérat de tous ses pareils , paroît dans tous les lieux où se montre le crime & la perversité humaine. Louons du moins, je ne dis pas son courage , mais son impudence ; quel homme eût osé monter à la tribu*ne*, après avoir été sifflé & hué pendant six mois consécutifs? Quel homme....? Pourquoi non ? Un évéché a bien des attraits , sur-tout pour un homme tel que Jean-François Maury.... Et puis , pensez-vous qu'on se persuade facilement que la révolution est consommée? N'est-il pas permis aux prêtres , qui disent les messes pour les trépassés , de croire une fois aux *revenans* ?

MIRABEAU , (. . . . . . comte de) littérateur , ... 200,000 liv.

1º. En 1776 , 5000 liv. pour avoir vendu au gouvernement le manuscrit d'un ouvrage de sa composition , intitulé: *des Lettres de cachet* (1); & en 1789 , 195,000 liv. sur sa parole d'honneur de faire avorter les projets de l'assemblée nationale.

Observations.

Les vrais citoyens se sont toujours méfié de cet

---

(1) Cet ouvrage a été imprimé depuis , & répandu avec profusion : il s'en est trouvé à la bastille plus de six mille exemplaires , saisis par la police.

homme

homme méprisable. Un être qui n'a respecté ni les loix de la nature, ni celles du ciel, ni celles des humains ; est-il propre à quelque opération bienfaisante ? S'il fait un jour le bien, croyez que ce sera malgré lui ; c'est qu'on n'aura plus voulu le payer pour faire le mal. Un peu d'argent le fait tremper dans les plus noirs complots, & dès qu'ils sont découverts, il écarte les conjurés, dénonce effrontément les complices, & usurpe ainsi le titre de citoyen, tandis qu'il n'est qu'un traître, qui corrompt tout ce qui l'entoure, & fut au service de qui daigna l'acheter.

(A. N.) Radix de Sainte-Foix, ancien trésorier général de la marine. . . . . 50,000 liv.

1°. 30,000 liv. à la recommandation de madame la comtesse *Dubarry*, dont il a été jadis aimé à la folie, & caressé même du vivant du plus foible, tranchons le mot, du plus *imbécille des rois* ; 2°. 20,000 liv. & cent mille écus de gratification pour avoir prêté son nom, déjà diffamé, à la banqueroute du comte d'Artois, arrivée en 1786.

OBSERVATIONS.

Quelle idée aura de nous la postérité ? Quelle idée en avons-nous nous-mêmes depuis que le bandeau fatal est tombé de nos yeux ! C'étoit donc une troupe de scélérats qui pressuroit cette classe laborieuse, utile & trop long-temps méconnue, qui, aujourd'hui, protége les loix, les mœurs & la liberté ? Ce Radix étoit parvenu , par ſes vices & ſes crapuleuſes liaiſons , au poſte de tréſorier de la marine , & , par ſympathie pour un prince fugitif , il étoit auſſi devenu l'adminiſtrateur de ſes finances : il avoit vendu ſa maîtreſſe *Lange* au *Bonneau* de Louis XV. Il vendit ſa réputation tarée à ſon petit-fils d'Artois , en ſe couvrant de l'infâmie de ſon alteſſe.

ROSALIE , (femme David) épouſe d'un contrôleur des vivres , ... 45,000 liv.

Pour ſervir d'augmentation d'appointemens à ſon mari.

OBSERVATIONS.

C'eſt encore une éleve du parc-aux-cerfs , de ce harem délectable qu'entretenoit pour les plaiſirs du *Sardanapale* françois, la fameuſe *Poiſſon*, dite *Pompadour.* Il y a au moins cinq à ſix cents femmes de ce genre , mariées & richement dotées aux dépens de l'état. Nous aurons occaſion d'en nommer pluſieurs, & puis l'on ne ſe demandera plus : *mais que ſont devenus les revenus publics ?*

Mademoiſelle SELIN , ci-devant maîtreſſe de Louis XV. . . . . 200,000 liv.

Pour lui aider à ſoutenir la ſplendeur de ſa naiſſance & la récompenſer de n'avoir pas voulu ſe marier.

OBSERVATIONS.

Encore une favorite. Le nombre en eſt infini ; le

parc-aux-cerfs en contenoit toujours au moins une centaine : qu'on juge si les princes du sang se seroient multipliés, si la providence n'eût suscité la belle déesse de *Lucienne*, la céleste *Lange*, *Lancon*, ou *Dubarry*, comme on voudra l'appeller, pour fixer enfin l'inconstant vieillard & nous épargner une auguste & nombreuse lignée qu'il nous faudroit aujourd'hui alimenter, comme les autres, dans les montagnes de la Suisse & de la Savoie.

VAUDEMONT, (. . . . princesse de) 50,000 l.

En considération des services du prince de Lambesc son frere.

OBSERVATIONS.

Elle n'est point ingrate, la petite princesse ; la gloire de ce brave colonel lui est très-chere. On sait avec quel courage elle l'a animé au combat, la nuit du 12 Juillet, & avec quelle imprudence elle a depuis, dans un *Journal privilégié*, fait l'apologie de ce héros, & désavoué des faits que les registres du trésor-public n'attestent que trop.

FIN.

LE
LIVRE ROUGE,

OU

LISTE DES PENSIONS SECRETTES,

SUR LE TRESOR PUBLIC;

CONTENANT

Les Noms & Qualités des Pensionnaires, l'Etat de leurs Services, & des Observations sur les Motifs qui leur ont Mérité leur Traitement,

PREMIERE CLASSE.

SECONDE LIVRAISON,

DE L'IMPRIMERIE ROYALE,
1790.

LE
LIVRE ROUGE.

—

AIGUILLON (demoiselle de Bréhan-Plélo, duchesse d') veuve de feu M. d'Aiguillon, miniſtre d'état. . . . . 160,000 livres.

En conſidération des ſervices diſtingués de ſon mari.

On obſerve que cette penſion eſt en entier reverſible au duc d'Aiguillon ſon fils, membre du comité des finances.

Observations.

J'ai lus avec le plus grand plaiſir une lettre en reclamation, inſérée dans tous les journaux, & ſignée, *le duc d'Aiguillon, député à l'aſſemblée nationale.* C'eſt, en effet, une choſe abominable que cette licence *de la preſſe* qui dénigre & déchire ſans pitié les perſonnes les plus reſpectables. M. d'Aiguillon n'a pas même été épargné dans les mille & un libelles que vomiſſent chaque jour les imprimeries de la capitale : nous aimons à le voir ſe gendarmer contre les auteurs faméliques de ces viles productions. Nous ne ſaurions qu'admirer un ſi beau zele ; il prouve que M. le duc d'Aiguillon eſt ſenſible à l'honneur & qu'il

compté

compte pour quelque chose la considération publique. Pourquoi feu M. son père l'a-t-il foulée aux pieds avec tant de mépris ? Pourquoi, échappé deux fois de l'échafaud, après avoir préparé deux fois la guerre civile & la ruine de l'état ne s'est-il pas du moins appliqué a faire oublier ces *roueries* & ses crimes, en travaillant sous les auspices de la divinité de Lucienne, au bonheur d'un peuple qu'elle a déshonoré & indigné. Comment se peut-il que, non content de s'être fait 1,900,000 liv. de bonnes rentes foncieres, M. le duc d'Aiguillon ait laissé en pensions à sa veuve environ 200,000 l. tant sur les premieres listes que sur le *livre clandestin ?* Comment M. le duc d'Aiguillon, son fils, cet adroit & valeureux spadassin, peut-il jouir sans remords de bienfaits aussi mal acquis & si peu mérités lui qui est regardé comme le plus riche propriétaire du royaume ? C'est qu'il perd seulement en droits féodaux, 900,000 liv. de rentes.

BACHOIS DE VILLEFORT, (Jean Simon) lieutenant-criminel au Châtelet. . . . . 30,000 liv.

1°. 10,000 liv. en considération de ses services, (en 1789) 2°. 20,000 liv. dont les motifs ne sont pas détaillés.

Observations.

Bon dieu ! Que les honnêtes gens sont à plaindre ! Ce vertueux *Bachois* n'a pas un écu de pension

sur

sur les listes imprimées. Cependant, quel homme fut plus digne que lui d'illustrer l'élire des pensionnaires ! Quels services importans n'a-t-il pas rendus ! Le gouvernement vouloit-il sauver un scélérat titré, sur la tête duquel étoit suspendu le glaive de la justice ! On donnoit mille louis au *Bachois* & aussitôt une bonne *décharge d'accusation* blanchissoit le crime le plus noir ; vouloit-on sacrifier un de ces hommes vils, issus de ce qu'on appelle encore le *tiers* de la nation ; quoiqu'on ait dit & prouvé que cette classe laborieuse & la seule utile, forme le *tout* en France comme ailleurs, un de ces hommes, dis-je, qu'on dédaignoit d'embastiller, on donnoit encore *mille louis* au *Bachois,* & aussitôt *Samson* étoit chargé de dresser, en place de Grève, une formidable *hécatombe* ; & notre homme n'étoit plus de ce monde. *Bachois* avoit hérité de la recette du fameux *le Noir,* auquel il a succédé, & qui commença par-là cette opulente & scandaleuse fortune qui, pendant 40 ans, insulta aux vertus modestes & fiscales.

Voy. Flandre de Brunv, pag. 10.

BALBI, (Félicité, comtesse de) dame pour accompagner MADAME. . . . . 100,000 liv.

Les motifs n'en sont pas détaillés.

Observations.

On se récrioit déjà de trouver dans les listes imprimée, les noms d'une infinité d'intendantes,

E

d'amd'ambaſſadrices, de ſœurs ou filles d'hommes en place : mais on n'avoit encore rien vu. *Le livre rouge* va mettre au grand jour le mérite de bien des personnages ignorés. C'eſt-là qu'on trouve une collection complette de beaux hommes, d'hommes officieux, de belles femmes, de femmes complaiſantes. Maîtreſſes de Rois, maîtreſſes de princes ; maîtreſſes de miniſtres ; maîtreſſes d'aumôniers ; maîtreſſes de commis ; amans de princeſſes ; amans de ſuivantes ; amans de ſoubrettes ; pourvoyeurs dans les deux ſexes. . . . . .

Ah ! vous n'y êtes pas encore, meſſieurs les frondeurs ; vous n'y êtes pas encore. . . . . . Mais il vous ſied bien de vous formaliſer de ce que des beautés piquantes ont mérité les bienfaits du trône ? pouvoit-on, par exemple, aſſez rémunérer les rares qualités de *Félicité de Balbi*. Elle en a pluſieurs, la charmante dame. Elle pétille d'eſprit, ſe rajeunit trois fois par jour, trouve, à la fois, le moyen de captiver le plus *belle homme* du royaume, & de ſe faire *aimer* de ſa rivale . . . Qui n'admira ſon adreſſe à ſe defaire de ſon mari ? Cet argus devenoit importun dans l'état où étoient, à la cour, les affaires de ſa femme. Celle-ci s'en débarraſſa facilement ; M. le comte ne veut pas que d'autres que lui couchent avec madame la comteſſe ; donc M le comte eſt fou.

Un grand ſeigneur, le ſecond bourgeois du royaume, s'empreſſe de loger M. de Balbi aux petites maiſons, tandis que ſa femme habite le palais du Luxembourg. . . . . ; & morbleu, vivent les *lettres de cachet !*

BERNARD

BERNARD, (Gros-Pierre) officier invalide, Faux-bourg du temple, & dans les cafés du Boule-vard .... 2400 liv.

1°. 600 liv. à la recommandation de la demoi-selle Saumer, sa sœur ; 2°. 600 liv. pour appoin-temens de sa place de mouchard du ministere de la guerre ; 3°. 1200 liv. en considération de ses services dans ce poste *respectable*.

Observations.

Ce Bernard est un de ces milliers d'individus parvenus à l'aisance à force de bassesses. Qui rougiroit de porter l'habit militaire, les mar-ques de l'honneur, les signes distinctifs de la gloire & des services, en voyant des *visirs* corrupteurs distribuer les honneurs à pleines mains en faveur des vils ministres de leurs plaisirs ou des complices de leurs crimes! Ber-nard est né sans talens, sans mœurs, & sans fortune. Dès l'âge de 15 ans, il s'affubla d'une gibeciere, & se fit sur les boulevards une telle réputation dans l'art merveilleux de l'escamo-tage, qu'il fut bientôt cité pour le plus adroit charlatan que possédoit la capitale (exception faite, cependant des incomparables *Comus* & *Louis-Philippe* son auguste éleve); on gagne tou-jours à être connu. Ce grand talent de Ber-nard présagea & accéléra son élévation, car bi-entôt il monta sur les *treteaux extérieurs* ou ga-lerie des associés. Ce fut là que, armé d'une

lourde

lourde *sonnette*, il attiroit par un carillon bruyant, & par des grimaces épouvantables, les amateurs de la *belle & bonne comédie*; c'est-la que Bernard fit le noble apprentissage du très-noble métier qu'il exerce encore aujourd'hui. *Saunier*, cette Androgine de l'Opera, etant parvenue à se glisser dans le lit du baron de *Breteuil*, obtint, par l'entremise de cet honnête homme, de l'emploi pour son frère, dans l'espionage secret des bureaux; delà la retraite aux Invalides, delà les distinctions de capitaine que degrade l'épaule de ce malheureux, digne de porter une marque bien différente; nous osons avancer & nous prouverons que *Bernard* n'a jamais servi que la *Police*; qu'il ne sait lire, écrire, parler, ni manier un fusil; qu'il , ... mais je m'arrête; combien d'hommes de cette espèce j'aurois à démasquer, tandis que l'homme vertueux & criblé de blessures languit dans l'oubli & l'indigence.

BOURBON (Louis-Philippe de) duc d'Orléans, premier prince du sang. . . 1,000,000 liv.

1°. 100,000 liv. pour la rente de deux million, gagnés à la reine la nuit du 7 Août 1781.

2°. 100,000 liv. en attendant la mort de son pere, & pour appointemens de la survivance de grand amiral,

3°. 100,000 liv. en considération de ses services militaires.

4°. 200,000 liv. en sa qualité de colonel-général des hussards,

5°. (en 1789) 500,000 liv. dont les motifs ne sont pas détaillés.

Observations.

" On vous a soupçonné, prince, on a du le faire,

" Moi qui ne juge point ainsi que le vulgaire,

" Je voudrois qu'en perçant un nuage odieux,

" Déja votre innocence éclatât à nos yeux :

" Mon esprit incertain, que rien ne peut résoudre,

" N'ose vous condamner, mais ne peut vous absoudre.

VOLT. Œdip.

Il n'est pas un bon citoyen qui ne voulût trouver Philippe innocent, & sur-tout vertueux. Mais helas ! trente ans coulés dans le crime & la débauche sont-ils jamais les symptômes du patriotisme & de la vertu ? Si nous pouvions oublier la jeunesse dissolue de ce prince, sa lâcheté dans les affaires d'honneur & dans les combats, ses escroqueries au jeu, sa mauvaise foi envers ses créanciers & ses locataires ; enfin cet enchaînement d'horreurs & d'infamies dont il a, depuis son enfance, souillé un nom que

E

porteront

porterent tant de héros, tout semble autoriser les rumeurs scandaleuses qu'enfanta sa fuite honteuse & précipitée. Son silence prudent, le silence coupable du Comité des Recherches ; les menées de Mirabeau, le chef des conjurés, & que l'on assure être le quartier-maître-trésorier de la bande, tout confirme ce que nous voudrions ignorer. Il étoit donc arrêté qu'on nous forceroit à haïr le sang de notre Henri IV ; que toute cette famille chérie, conspireroit contre notre liberté, & que ses manœuvres perfides avorteroient & resteroient impunies ? Eh ! vous osez vous croire libres ! O Welches ! non, non, vous n'avez plus de Bastille ; Louis XVI ne peut rien, les Ministres de Louis XVI ne peuvent rien vouloir, & cependant vous êtes plus esclaves que jamais ! *Encore quarante jours & Ninive périra.* ENCORE QUARANTE JOURS ! le terme n'est pas long.

FLANDRE DE BRUNVILLE, procureur du roi au Chatelet. . . . . 30,000 liv.

Pour les mêmes motifs que son collègue *Machoire* (1) *de Villefort,* voyez l'article de ce grand homme, pag. 32.

Observations.

Encore un scélérat, mais un de ces scélérats peu

____

(1). Lisez *Bachois.*

peu ordinaires......... La plume me tombe des mains ; il me semble entendre son pere me crier, du fond des cavernes de *Charenton*, où il a été enfermé par ordre de ce magistrat, & d'après une *Lettre-de-cachet-Le Noir* ; il me semble, dis-je, entendre la voix mourante de ce pere infortuné me crier : arrête, malheureux, tu vas dégrader & déshonorer à jamais la nature en racontant les forfaits de ce monstre.....

FRANCTOT (chevalier de Coigny,) brigadier, mestre-de-camp, lieutenant-commandant & inspecteur du régiment de la Reine, dragons. .... 35,000 liv.

1°. (1779) 7000 liv. pour ses services & ceux du maréchal de Coigny, son grand-pere. 2°. (1786) 28,000 liv. pour idem & son peu de fortune.

Observations.

Dans les listes imprimées on a motivé, dans les mêmes termes, une pension de 11,500 liv. accordée en 1780, à ce brave chevalier. Ces titres accumulés désignent assez à quelle recommandation il avoit obtenu ces bienfaits ; il étoit juste que l'influence du premier écuyer se répandît sur toute sa famille, & sans doute il n'eût pas fallu deux cents courtisans de son espece pour ruiner l'état ; mais taisons-nous.. songeons que le favori est inviolable & sacre,

puisque

puifque je ne fais par quel prodige il fiége à
a diète nationale.

GAUTIER, (Nicodême) bâtard de feu Court
de Gebelin, mythologifte. (Le fieur Gauthier
demure rue Percée, Fauxbourg Saint-Marcel.)
10 fols par jour, en attendant qu'il fache lire, &
pour retraite de la place d'*observateur* de la police de *Crosne*.

Observations.

Ce petit élève des enfans-trouvés jouit encore
de fa penfion, quoiqu'il foit rédacteur du fameux
Journal général de France, feuille incendiaire
qu'on donne au rabais au Palaïs-Royal, à deux
hards par n°. ; probablement que le petit Gautier, qui a perdu fa place de *limier*, ne trouve
pas fon compte à forger dix nouvelles effrayantes
par jour, puifqu'il, fe laiffe continuer un don
infamant & à peine alimentaire. Nous ne pouvons
que blâmer le gouvernement qu'il a fi bien fervi,
de réduire un homme à jetter l'allarme dans
tout Paris, en faifant aboyer par dix mille bandits, ces belles phrafes; *cadavres coupés par mor-*
ceaux; coup de fufil tiré fur le roi; mine pra-
tiquée dans le fauxbourg Saint Germain; car-
nages, incendies, confpirations, &c. &c. Telles
font pourtant les reffources ordinaires et le ftyle
de ce pauvre homme, dont nous fommes indi-
gnés d'être forcés de tranfcrire ici le nom obfcur.

GRONDEL,

GRONDEL, (le chevalier) maréchal de camp, demeurant vieille rue du Temple, en hôtel garni, chez un perruquier. . . . . . 12,000 liv.

En considération de ses services.

Observations.

Cet homme, fils d'un soldat aux Gardes Suisses, est un des éleves du *vertueux ami* Beaumarchais. Ses mœurs sont aussi pures que celles de cet honnête Représentant de la Commune ; ses principes sont les mêmes, & c'est en considération de ce genre de mérite que le chevalier Grondel, sans éducation, sans parens, sans amis, ne sachant lire, ni écrire, ni parler, est parvenu, à posséder 12,000 liv. de bienfaits annuels du roi. Sa fortune a commencé à l'Orient, où il se qualifia de colonel-commandant. Il fit pendre deux soldats pour avoir tiré l'épée contre un gentilhomme suisse qui les avoit provoqués. Cette action éclatante lui valut une pension de 1200 liv. Le reste lui provient d'avoir approvisionné de filles M M. les commis du bureau de la guerre.

Nous ne pouvons blamer M. Grondel de s'être enrichi dans un temps où l'opulence étoit le prix des forfaits ; mais comment, avec douze mille livres periodiques, prête-t-il sur gages & sur-tout se laisse-t-il voler les effets que les engageurs lui confient ? Pourquoi force-t-il sa

F

femme

fentme de refter à Nemours ? A-t-il peur qu'elle
trafique à Paris de fes vieux appas. . . . . Mais fi
ce brave militaire n'eft pas bon epoux, du moins
eft-il ami fidele. Il pleure encore le marquis
de Launay, chez qui il dînoit trois fois par fe-
maine, en qualité de limier de la police Chénon,
& c'eft être courageux & fenfible que de pleu-
rer la mort du gouverneur de la Baftille.

LA TOUCHE, (le comte de) chancelier de S.
A. S. monfeigneur le duc d'Orléans,

. . . . 200,000 liv.

1°. 10,0co liv., en confidération de fes fervices dans la marine; 2°. (en 1789,) fans
motifs détaillés.

Observations.

Lorfque le comte de la Touche, fuccéda au
bonhomme *Ducreft,* chacun fe demanda quel
eft-il ? D'où vient-il ? De quoi eft-il capable ?
Il a prouve tout cela depuis ; à peine echappé
du fumier fur lequel il prit naiffance, je le vois
s'élancer comme l'aiglon, & parvenir tout-à-
coup au faîte des honneurs, bientôt fon nom
eft lié à celui d'un prince fameux dans les *faftes
de la victoire,* au nom du héros *d'Oueffant.*
Mais, *proh dolor !* ce nom jadis fi crapuleux,
puis tant célébré par la populace, eft enfin mis
à fa

à sa place ; le héros . . . . fuit, sa gloire tombe, & le destin lui marque son véritable rang.

Je ne sais pas trop quelles actions d'éclat auroient pu faire députer de comte de la Touche à l'assemblée nationale ; mais sa démarche du 12 Juillet, son départ précipité pour Paris, les bandits ameutés au Palais-Royal, & promenant l'effigie du premier prince du sang, les *doubles louis* semés parmi les brigands de Montmartre & ceux de Versailles, tout cela doit faire frémir, & nous conduit à des réflexions bien peu honorables pour M. le chancelier.

MONTMORENCY, (mademoiselle Victoire-Agnes-Augustine de Matignon, petite-fille de monseigneur le Tonnelier, baron de Breteuil, baronne de) . . . . 50,000 liv.

Nonobstant les deux cent mille liv. qu'elle a touchées de droit sur le trésor-royal pour sa dot.

Observations.

J'ai long-temps balancé si je n'omettrois pas cet article, à l'exemple du comité des finances, qui nous en souffle tant d'autres de ce genre ; mais j'ai promis de remplir ces lacunes, & le *Tonnelier de Breteuil* tombe au bout de ma plume. La plaie faite à l'état dans un moment

d'agonie,

d'agonie, n'est pas encore cicatrisée ; il y a deux ans que ce visir d'exécrable mémoire, non content d'avoir pressuré toute la substance de la caisse publique, d'avoir accumulé sur sa tête criminelle le modeste tribut de 92,000 liv. de pension, (voyez la 1re liste p. 19.) jouit du fruit impur des plus noirs forfaits. Eh ! de quel droit, a quel titre faut-il que l'état dote & marie les filles de condition ? Ces grandes dames voudroient-elles par-là jour du droit des *concubines royales*, des vestales du *parc-aux-cerfs* ? La jeune Matignon, n'avoit-elle pas assez de charmes pour le baron de Montmorency, falloit-il encore que le trésor public payât une alliance dont il n'a que faire ? Eh ! en faveur de qui lui accordoit-on cet insigne avantage ? A la sollicitation, & pour prix des services d'un scélérat qui, parvenu à force de vices à une place éminente, a commis les forfaits les plus inouïs pour s'y maintenir ; son ineptie & sa nullité lui ont fait une nécessité de le barbarie ; il a écrasé tout ce qui s'est trouvé sur son passage : Flesselles, Foulon, Berthier, ses dignes collegues, ont été immolés à la vindicte publique, & Breteuil respire encore ! ce tyran qui peupla les cent Bastilles du royaume ; qui fit du ministere une inquisition & un tripot ; de son cabinet un bordel ; de ses bureaux l'antre de l'injustice & des trafics les plus honteux ; de la police, les ministres de ses vengeances ; de son roi, un despote quelque temps exécré ; ce vil, tyran, insolent bourreau de la France, s'éloigne, tranquillement d'un pays qu'il a deshonoré, & semble dédaigner encore la foible ressource que

vient

vient d'employer l'imbécille *Barentin*, celle de
balbutier les mots *justification*, innocence

RAMONT, dit de Saint-Sulpice, abbé ;
. . . . 15,000 liv.

En considération des services par lui rendus
aux religieuses de Gourd.

Observations.

Ce Ramont est le scélérat le plus déterminé
de toute l'église Romaine. Je l'ai vu décroter
sur l'escalier exterieur de l'église de Saint-Eti-
enne-du-Mont, obligé de s'expatrier pour vols
par lui commis chez un libraire, qui l'employoit,
en qualité de crocheteur, à transporter du
papier en tiration ; il se réfugia dans la prin-
cipauté de Liege, où il abjura la religion pro-
testante qui n'étoit pas sa religion. Le prince-
évêque le plaça dans le séminaire des nouveaux
convertis, une petite pension que ce prélat obte-
noit ordinairement pour ces nouveaux *sénophites*,
& l'état d'opulence où il voyoit vivre les prêtres, lui firent oublier son ancienne bassesse ;
il voulut être prêtre, & quoiqu'il ne fût pas
lire, l'évêque empressé de sacrifier en entier à
Dieu une ame nouvellement conquise, lui ad-
ministra les trois *ordres sacrés*, & Ramont partit
incon-

incontinent pour Paris. Cet impudent coquin eut l'effronterie de se présenter à l'église paroissiale sur laquelle il avoit décroté & filouté, pour y célébrer solemnellement la messe; il fut éconduit par le curé; peu décontenancé par cet accueil, il se logea dans la maison royale de Navarre à la montagne Sainte-Genevieve; mais accablé de misere, s'étant bientôt fait interdire par l'austere archevêque de Beaumont, harcelé par son traiteur, son tailleur, son cordonnier, & son propriétaire, il se vit forcé de déloger à petit-bruit. Ce fut dans cet état de discredit & de détresse qu'il eut recours à la bienfaisance du maréchal de Mouchi, qui se mettroit en quatre pour servir les jeunes prêtres, sur-tout lorsqu'ils ont la complaisance de *Ramont*, & du mignon abbé *Boulogne*; le *vigoureux* maréchal intercéda madame Louise, tante du roi, en faveur du pauvre Ramont; cette princesse lui fit donner sur les économats une pension alimentaire de 1200 liv. L'Alexandre du Nord, l'agonisant Joseph II, ayant voulu punir les religieux de son empire du mépris qu'ils avoient conçu pour leur souverain, les défroqua tous, sans avoir égard au long & pénible voyage du papé Pie VI. qui avoit fait trois cents lieues monté sur une mule, pour empêcher la réforme monacale. La nouvelle en étant parvenue à Ramont, il brigua & obtint auprès de son auguste protectrice, l'honneur d'aller dans les Pays-Bas recueillir la fragile virginité des épouses éplorées de Jesus-Christ, & de conduire en France celles qui préféreroient la retraite à l'habitation de

leurs

leurs toîts paternels. Ce digne prêtre protégea ces vierges avec tant de ferveur & de fidélité, que de trois qu'il en conduisit aux Carmelites de Saint-Denis, une enfanta par l'opération du Saint-Esprit. Cette aventure disgracia pour jamais auprès de madame Louise le *maréchal de Mouchi* & son protégé.

Depuis ce temps, *Ramont* promene ses vices du matin au soir au Palais-Royal ; sa société favorite est composé de p . . . . . . & d'escrocs ; il a l'audace de porter en sautoir une croix vénale, & d'étoiler une rotonde rouge semblable à celle des *cardinaux*. Il faut espérer que la nouvelle police purgera la société d'un homme qui la déshonore plus que les *Desrues*, & les *Beaumarchais*.

RIGAUD DE VAUDREUIL, (demoiselle de Fleurigny.) . . . . 19,000 liv.

1°. 4000 liv. à titre de reversibilité, suivant la décision du 1er Janvier 1783, pour ses étrennes ; 2°. 10,000 liv. pour réserve sur le gouvernement de Gravelines ; 3°. 5000 liv. en considération des services de son mari, lieutenant-général des armées du roi.

Observations.

Tels sont encore les motifs de 14,000 liv. de pension

pension dont jouit ladite demoiselle sur la troisieme liste imprimée.

Qui pourroit être surpris de ces faveurs, lorsqu'on se rappellera le crédit scandaleux qu'avoit à la cour le *grand fauconnier Vaudreuil*, dont nous parlerons ci-après? Cependant, on ne sait trop pourquoi ces décisions de reversibilité, & sur-tout de réserves sur des gouvernemens en faveur d'une femme.

RIQUET, (comte de Caraman) lieutenant-général & commandant de la Provence,

.... 50,000 liv.

En considération de ses services.

Observations.

C'est trop, eu égard au mérite intrinseque d'un tel homme, c'est trop peu, eu égard au genre de services qu'il a rendus au despotisme, & a l'ardeur avec laquelle li a secondé les visirs sanguinaires qui ont ruiné & degradé la France.

VAUDREUIL, (Anne-Joseph de) grand fauconnier de France, ... 120,000 liv.

1°. 30,000 liv. en considération de son dé-

placement de Paris ; 2°. 30,000 liv. à la recommandation de M. l'abbé de Vermont ; 3°. 30,000l.
pour lui aider à soutenir l'éclat & *à remplir avec
honneur* sa charge ; 4°. 30,000 liv. en considération de ses services & à la recommandation de
la reine.

Observations.

Nous nous sommes fait une loi de repousser
loin de nous la calomnie & la diffamation ; nous
n'avons même pas toujours ajouté foi aux faits
qui n'étoient point accompagnés de preuves in-
vincibles. La malignité s'est long-temps exercée
sur de grands personnages, que leurs revers
nous forcent de respecter. Si quelque chose pouvoit nous déterminer à croire une partie de ce
qui a été débité sur M. de *Vaudreuil*, ce seroit
l'omission coupable du comité des finances dans
les premieres listes, où l'on cherche vainement
le nom de M. le *grand fauconnier*, & les sommes
énormes qu'on assure qu'il touchoit au trésor
royal ; ce qui prouveroit sans réplique l'intimité
qui existoit entre lui & Marie-Antoinette, qui,
au su de tout le monde, disposoit des deniers
royaux, sans *rendition de compte*. *Le livre rouge*
confirmera sans doute ce qui a été dit des parties
fines, de ces *decampativos adulteres*, & de toutes
les lubies royales dont on a scandalisé l'Europe
pendant quinze ans.

C

Vermont, (M. l'abbé de) . . . 80,000 liv.

1°. 20,000 liv. en considération de ses services en qualité de lecteur de la reine ; 2°. 20,000 liv. pour l'aider à se soutenir à la cour ; 3°. 20,000l. en considération des services de M. son frère, vivant, accoucheur de sa majesté ; 4°. 20,000l. dont les motifs ne sont pas détaillés.

Observations.

Ouvrez la *France ecclésiastique*, la *feuille des bénéfices*, l'*almanach royal*, vous trouvez à chaque page le nom de ce fameux *prestolet*. Indépendamment des *pots-de-vin* infinis que lui produisoit le trafic honteux qu'il faisoit des graces de la cour ; car personne n'ignore que tout étoit vénal dans ce pays-là sous le regne des catins & des prêtres ; l' Polignac vendoit les régimens, les intendances & les emplois subalternes ; l'abbé Vermont étoit le prête-nom pour une autre branche de commerce ; bénéfices, abbayes, évêchés, gouvernemens, cordons & rubans de toutes les couleurs, croix de toutes les formes, tout étoit de son ressort, tout passoit par ses mains, & il ne s'en désaisissoit qu'en faveur du plus haut enchérisseur. Oh ! le bon temps ! oh ! le beau regne ! du moins, avec de l'intrigue, étoit-on sûr de parvenir. C'est ainsi que, moyennant 100,000 liv. déposées chez

notaire, rue de Condé, Joseph-Ann-Luc d'Albaret,   Desponchez
                de Périgord,   le tout
vus, crossés, mîtrés, & professeurs de quatre-vingt cents ans.

Mais, que dira la postérité ?—La postérité ? elle regrettera le temps où, pour cent mille francs, un malautru devenoit évêque, intendant ou ministre, & où les évêques, les intendans & les ministres avoient cent mille écus & jusqu'à huit cents mille livres de rente.

LE LIVRE ROUGE,

OU

LISTE DES PENSIONS SECRETES

SUR

LE TRÉSOR PUBLIC,

Contenant les noms, les qualités des pensionnaires, l'état de leurs services, et des observations sur les motifs qui leur ont mérité leur traitement.

PREMIERE CLASSE.

Troisième livraison.

DE L'IMPRIMERIE ROYALE.

M DCC XC.

LE LIVRE ROUGE.

ALSACE (de Boume de Chimay), dame du palais de la reine et princesse d'Hénin.
        32,000l.

Dont 8,000 liv. en 1779, à la recommandation de la reine, en considération de ses complaisances manueles, 10,000 liv. en 1781, par égard pour son mari, maq...... en chef des princes du sang royal, et 14,000 liv. pour récupérer les dépenses qui lui ont été occasionnées aux premières époques de la révolution.

Observations.

Quand on vient à examiner que le roi et le contrôleurs généraux, même Monsieur Necker, ont été les seuls possesseurs de ce livre rouge, on ne sait plus quel jugement porter des vertus dont les uns et les autres ont fait parade. Dans la liste imprimée par ordre de l'assemblée nationale, cette infâme gourgandine est portée pour 18,000 liv. Personne n'ignore que ces dettes absurdes de l'état se payent même à présent plus religieusement que les rentes des pauvres citoyens qui demandent l'aumône dans les rues de Paris avec leurs contrats à la main, et des parchemins inutiles, et l'on favorise les infamies de cette prostituée qui vautrée dans la fange du libertinage, accable maintenant de caresses le comte de Lally-Tolendal, député fugitif de l'assemblée, qui a préféré de suivre cette courtisanne impudique plutôt que d'essayer la machine méchanique inventée par le presomptueux Guillotin. Il est à croire que les têtes abatues sont dans la famille des Laly un bien héréditaire,

AUDA (Antoine), ancien premier commis du bureau des Colonies, et ancien avocat au conseil du Roi   10,000 l.

Ces 10,000 livres lui ont été accordées à la recommandation de M. Christophe de Beaumont, archevêque de Paris.

Observations.

Qu'on ait donné 8,000 liv. au sieur Auda, le

moins confciencieux de tous les avocats pour fes fervices en qualité de premier commis du bureau des colonies, et pour l'abandon de l'exercice de fa charge d'avocat aux confeils du roi. Je n'en fuis pas furpris dans un fiècle où celui qui n'eft pas fripon court rifque de la corde ; mais qu'on lui en ait donné dix autres, pour avoir à la follici-tation d'un fanatique Calotin perfécuté conjoin-tement avec un Parlement inique, les Paladins qui fautoient fur le tombeau du bienheureux Paris, voila ce qui m'étonne. Cet impudent coquin eft le plus déterminé larron de la judica-ture, et les perfonnes intéreffées à demêler fes infâmes larcins peuvent confulter les fieurs Enard et Robichon maîtres des forges dans le comté de Manderhofen ; ils déclareront comme quoi ce fcélérat s'entendoit avec leur partie adverfe, et les fieurs Quertant et Andoucet tous deux guériffeurs de maladies vénériennes, diront que le fieur Auda n'a pas rougi de leur prendre cinquante louis pour leur avoir fait obténir un arrêt du confeil qui les auto-rife à débiter leur élexir mercuriel ; ce mono-pole eft d'autant plus affreux, que ces em-piriques l'avoient guéri d'une galanterie qui lui avoit été procurée par madame Aude, blan-

chiffuſe des carmes-billettes, et qui la te-
noit du ſieur de la Croix ſon voiſin, avocat
au parlement.

AURIAC (demoiſelle Louiſe Lamoignon)
12,000.

Obſervations.

Si l'on a r. étendu faire un ſecret de la cauſe
de cette penſion, ce ſecret eſt à coup ſur celui de
polichinel qui n'eſt ſu que de tout le monde;
en effet, qui peut ignorer que la demoiſelle
Auriac a eu des complaiſances pour Monſieur
frère du Roi, et qu'il eſt bien juſte que notre
bénin monarque accoutumé à payer les plaiſirs de ſa chaſte famille, payât les tranſports
maſſifs de l'amant actuel de la comteſſe Félicité de Balbi? C'eſt les payer un peu cher;
mais qu'importe, ce n'eſt que le peuple qui
en ſouffre. Défunt ſon père en partant pour
les enfers, lui en laiſſa 13,125 pour les ſervices qu'il a rendus à la France comme chancelier; un tel héritage fait injure à la raiſon.

ANSON (Pierre Hubert), ci-devant directeur général des impositions ; aujourd'hui receveur général des finances de la généralité de Grenoble.   8,000l.

Ces 8,000 livres font pour reconnoître ses bons avis fur les impofitions.

Obfervations.

Le dévouement patriotique que M. Anfon annonce avec tant d'éclat et de fafte, en difant dans tous les papiers publics, qu'il a fufpendu fa jouiffance, tant qu'il exercera une charge ou une commiffion utile, n'eft autre chofe qu'un charlatanifme.   Oui, M. Anfon, c'eft ainfi que vous abufez le peuple, et que vous efpérez rétablir l'opinion que chacun a de votre avarice et de votre âme vénale.   Quoique, malgré vous, vos merveilleux rapports au comité des finances foient enrichés de vos rares qualités ; mais on eft pas votre dupe à ce point : faites le facrifice des 12,000 livres que vous abandonnez, mais continuez, comme je n'en doute pas, à vous déclarer le protecteur des barbares fermiers-généraux, et à trafiquer les efpèces, vous affermirez par-là votre réputation du plus vil et du plus indigne des agioteurs.

ANDOUILLÉ (Jean Baptiste Antoine) et ancien premier chirurgien du Roi.   15,000.

Les raisons de cette pension font en blanc fur le livre rouge.

Observations.

Si les raisons ne font pas défignées, ce ne peut être que la décence, la pudeur qui en puiffent être la caufe : perfonne n'ignore que ce chef de la barbarie du royaume poffédoit la confiance du roi Louis XV ; ce qui n'empêcha pas malgré fes foins que l'infortuné et débauché monarque ne fût corrompu par le virus qui le conduifit au tombeau après avoir offert l'image la plus effrayante des ravages de la v...... Louis XVI néanmoins fut affez de gré au figaro en charge, pour lui continuer fa pension ; non pas qu'il efpérât avoir quelque jour befoin de fes fecours ; mais par vénération pour fon aïeul, le plus débauché dont l'hiftoire faffe mention.

B

BALB BERTON (marquis de Crillon), brigadier maître de camp, commandant le régiment d'Aquitaine infanterie,   6,000

lesquelles accordées à la recommandation de S. A. R. le comte d'Artois.

Observations.

Il ne faut que suivre le comte d'Artois à Gibraltar, pour plus être étonné des motifs de cette pension. Le marquis de Crillon, qui fait nombre avec les plus sales débauchés de la cour, étoit le factotum, l'âme damnée de S. A. R. s'il revint de ce siège couvert de blessures, les espagnolettes y avoient plus contribué que les arquebusades. Son digne protecteur et lui revinrent couronnés de lauriers, et passerent des mains de la victoire dans celle du sieur Agironi.

BAUFFREMONT (princesse de Listenois), veuve du vice-amiral de France,   14,000.

Pour son attachement pour sa majesté.

Observations.

Le roi de France, le restaurateur de la liberté françoise, n'est pas comme on le sait un homme à femmes ; mais la Bauffremont admise dans la confidence de Marie Antoinette, qui avoit le plus grand besoin d'apporter quelque diversion aux empressemens importuns de la tendresse conjugale de son illustre époux, elle engagea la princesse de Lestinois à embarquer Louis XVI dans une intrigue amoureuse dont elle ne retira que la honte d'avoir fait inutilement des avances effrontées ; cependant afin qu'elle ne perdît pas le fruit de son indécente entreprise, la Bauffremont eut 14,000 livres. Pouvoit-on moins payer des soins aussi criminels ?

BAZARD (L. B.), prévôt de la monnoie de Paris.   8.000.

Sans motifs distingués.

Observations.

C'est en vain qu'on se creuseroit la tête, pour chercher à connoître la cause secrette de

6

cette penſion de 8,000 livres. Le ſieur Bazard eſt depuis ſa jeuneſſe un exemple frappant des jouets de la fortune, qui ſe plait à favo⸗riſer les moins dignes de ſes largeſſes. Fils d'un ancien marchand de vin de l'Iſle Saint Louis en face de la paroiſſe, ſon pere le plus fripon de tous les empoiſonneurs publics a vû cinq fois faire couler ſes proviſions dans les ruiſſeaux en vertu d'arrêt de la cour des aydes. Málgré ces cataſtrophes, cela ne l'a pas em⸗pêché de faire une fortune brillante et d'ache⸗ter pour ſes enfans mâles des charges très cheres. L'un de ſes fils, le ſieur Bazard de Quincy, prévôt de robe-courte, eſt un des mieux pour⸗vus. Il faut que celui-ci, et celui dont je trouve le nom ſur le livre rouge, ait eu un furieux penchant pour l'eſpionnage, puiſque l'un et l'autre ont conſacré une fortune immen⸗ſe à acheter l'honneur de commander à la vile ſequelle de la monnoie et de la robe-courte. L. B. Bazard eſt célibataire, un des chefs principaux de la manchette, et michelin, ſon valet de chambre et ſon maître Jacques lui ſert de pourvoyeur, et recrute journelle⸗ment pour lui les jeunes candidats que le beſoin ou le goût lancent dans la boug. . . . .

BAUVILLERS (comteſſe de Buſançois) ancienne dame d'honneur de madame Sophie
de France,   8,000.l.

Pour raiſons à nous connues, cet article eſt
écrit de la main du défunt roi Louis XV.

Observations.

Le corriphé de la galanterie, le roi Louis
XV, en prenoit par-tout où il en trouvoit.
Or, paroîtra-t-il étonnant que la comteſſe de
Balançois ait ici ſon *apparte* ? d'aileurs n'a-t-
elle pas rendue les plus grandes ſervices à madame Sophie, qui ne s'eſt jamais guère gênée
ſur l'article ? et comme tout étoit de mode
dans cette cour dépravée, le monarque ſe ſou-
cioit peu de l'irrégularité de ſa famille. Patron
de tous les vices, il n'avoit garde de les re-
procher aux autres, la diſſolution étoit de
mode, et ce n'étoit qu'à force de libertinage
qu'on pouvoit trouver la faveur dans ce pays
perdu.

BELURGEY (Jean Joſeph), ancien pre-

mier commis au contrôle de la maison du
roi.   15,000 l.

La première en 81, montant à 6,000 livres, pour services signalés rendus à M. le
comte d'Artois, la seconde de pareille somme
pour services rendus à Monsieur.

Observations.

Au seul nom de Bélurgey, l'indignation se
peindra sur toutes les figures de mes lecteurs;
je n'en doute pas; car quels services cet impudent flagorneur pouvoit-il rendre aux princes susnommés, sinon celui du maq.....age,
le seul qui soit digne à la cour actuelle de
quelques considérations; c'est en effet ceux
de cette nature qui ont mis à même le sieur
Bélurgey de troquer sa figuenille contre des
habits brodés, et sa paire de sabots contre
des escarpins. Ce n'est pas le premier coquin
qui soit parvenu, les pages cottées du livre
rouge en sont remplies.

BESENVAL (Baron de Brunstat), lieutenant-général des armées du roi, colonel des

I

Suisses et gouverneur d'Haguenau, une somme
de   15,000. l.

Observations.

Et cet article n'est point encore rayé du
livre infernal dont je donne ici la notice ; cet
infâme agent des grands du royaume, ce dépositaire d'un secret qui n'est approfondi qu'à
demi, joüira en paix de ces 15,000 liv. après
avoir échappé à la potence. Quelles reflexions !
ce traitement n'engage-t-il pas à former sur les
de nos maîtres, les monstres joüiront des
recompenses, tandis que de malheureux servi-
teurs de sa majesté sont exposés aux refus in-
jurieux des ministres.

BEUVRON ; (Marie Catherine de Rouillé,
marquise de) pour les services de feu M.
son père, ministre d'état,   5,000.

Il en est fait mention de 10,000 dans la
liste imprimée et connue.

Observations.

De tous les ministres d'état, M. Rouillé

n'a sûrement pas passé pour jouir d'une réputation intacte d'honneteté, mais ses services secondoient on ne peut mieux les desseins iniques de la grandeur et de la majesté. Le sieur Rouillé d'Orfeuil, intendant de Champagne, tout aussi fripon que les autres intendans de province, n'a pas démenti les vertus de sa famille. Je ne suis pas fâché en passant de dire que dans son temps la marquise de Beuvron etoit une des fameuses tribades de ce siècle; elle a servi quelquefois aux amusemens de la Dubarry. Elle facilita la fuite de Dubarry le roué, lorsqu'il se sauva à Montreuil sur mer, après la mort de Louis XV, dans un panier à maquereaux; ce qui fit chanter à toute la France ce quatuor de Lucile :

> Où peut-on être mieux (bis)
> Qu'au sein de sa famille, &c.

BLANCHET (Jean François), 8,000l.

Comme traitement en qualité de concierge de S. Hubert.

Observations.

On a trouvé sur cet agenda d'iniquité, sur-tout à l'égard des pensions accordées par Louis XV, que des p.... et des maq... en voici encore une de la première classe qui maintenant sur l'age a abjuré ses erreurs: cela ne surprend pas; quand le diable fut devenu vieux il se rendit hermite. Bon Dieu! que de grisettes le sieur Blanchet a introduit dans le château de S. Hubert; il pouvoit se regarder comme le surintendant de l'alcove du roi de France, et la chronique scandaleuse assure même qu'il a fait la courte pointe à Marie Antoinette et à la chère Jules de Polignac.

BLONDEL (Jean), avocat au parlement, et premier secretaire de la chancellerie et du sceau,   6,000l.

Motifs non connus mais dont on se doute.

Observations.

Ce Blondel est un de ceux qui servirent le roi Louis XV avec le plus de vigueur, lorsqu'il fût question de venir chercher au parlement les pièces du procès du duc d'Aiguillon. Cet attentat infâme de la part d'un monarque contre l'équité, prouve mieux que tous les difcours l'avilliffement des mœurs; il eft affreux de laiffer fubfifter ces horreurs qui fouillent la mémoire du règne paffé, conjointement avec mille autres fcélérateffes; mais combien de Blondel exiftoient en ce temps-là, et combien nous en aurons encore à défigner.

BOUFFLERS (Staniflas Jean), maréchal de camp, gouverneur du Sénégal,   10,000.

A la recommandation de la reine.

Obfervations.

Héros des ruelles bien plus que des champs de Bellone, le maréchal de Boufflers doit cette faveur de la fortune pour avoir préfenté à la reine le plus joli des madrigaux fur la perte d'une petite chienne qu'elle aimoit beaucoup en raifon de ces précieux alléchemens. Le chevalier de Boufflers, auteur de cette opufcule, y eft couché tout de fon long pour pareille fomme. Qui ofera douter que de pareilles fervices ne foient pas très-effentiels à l'état ?

Brusse (Dieu Donné), ancien ecuyer cavalcadour du Roi, de la petite écurie,   6,000.

Observations.

Le penchant que le roi a toujours eu pour les animaux de son conseil et de ses écuries a fait donner 6,000 liv. au sieur Brusse surnommé Dieu donné ; mais, ma foi ! que le diable l'emporte ! comment veut-on que le royaume ne soit pas épuisé ? Caligula vouloit faire de son cheval un consul romain et conséquemment lui assigner le traitement. De nos jours nous voyons des ânes revêtus des plus hautes dignités en recueillir les émolumens. Il ne manqueroit plus que d'inscrire sur le livre rouge les animaux féroces de la ménagerie, leur faire une pension ; cela ne seroit pas étonnant, puisque le péroquet de la marquise de Pompadour en avoit une de 4,000 liv. et la guenuche de la Dubarry, une de 15,000 liv. Pauvres rois ! que vous êtes foibles, ou plutôt que vous êtes......

Clugny (Etienne-Bernard de), conseiller au parlement, fils du sieur de Clugny, décédé, contrôleur-général,   6,000 liv.

Sans motif déclaré.

Observations.

On ne peut guères s'arrêter fur la caufe de cette penfion illicite, qu'aux fervices rendus par M. fon père, qui, pendant le temps qu'il a été au contrôle, s'eft montré pour les déprédations, le digne émule de l'abbé Terray, en gafpillant de fon mieux les finances du contrôle; car celui-ci le plus fot, le plus impudent, le plus ignare de tous les confeillers, n'a mérité dans fa jeuneffe et dans ce temps-ci, d'autres faveurs de la cour, que quelques retraites à S. Lazare, pour fes déréglemens avec des filles d'opéra, et par fon intimité avec le fieur de Sartines fils, un autre libertin en poffeffion du mépris public.

D.

DURFORT (Dlle Thiroux de Monfauge), fille de l'ancien adminiftrateur des poftes, 8,000l.

Observations.

Infractions à la garantie de la confiance, trahisons envers le public pour favoriser l'ambition des ministres; mêmes abus que commet journellement le baron d'Ogny; ce sont de tels services qui sont récompensés.

DURANT (Dlle Demonville Victoire-Antoine), fille du porte-arquebuse de S. M. . . . . 2,000 liv.

Observations.

Qu'a-t-elle donc porté cette célèbre infante, pour avoir une pension secrette de 2,000 liv. ? Sans doute, nous découvrirons bientôt que le porte-côton de leurs majestés sera de même secrettement soudoyé, au moins sa fonction secrette, tenant au ministère, cela surprendra moins.

E.

ETIENNE (Jean-Baptiste-Michel), avocat en parlement, ci-devant secrétaire de la chancellerie et du sceau, et premier commis au département du baron de Breteuil. . . . 6,000 liv.

Observations.

Qui connoît particulièrement M. Etienne,

jugera fans peine des motifs d'une pareille penfion. M. Etienne, avocat fans caufe eft néanmoins
un des plus confidérés de la canaille parlemen-
taire, en raifon de fon profond refpect pour
la compagnie, de fes complaifances baffes
pour le chancelier Miromefnil, qu'il trahiffoit
cependant en faveur du parlement, et pour fon
zele à l'égard du baron de Breteuil, et du foin qu'il
prenoit à faire circuler les lettres de cachet ; rufé
comme un finge, futé comme renard, traître
comme un Judas, larron comme un procureur :
oh ! c'eft un admirable homme que M. Etienne.

(1) POUPART (M. l'abbé), confeffeur du
Roi,   10,000 liv.

Obfervations.

Ce prudent directeur de la confcience du Roi
eft le premier homme du monde pour vaincre et
anéantir tous les fcruples : auffi S. M. eut-elle

---

(1) En voyant le nom de Poupart, l'envie de parler de
lui m'a fait renoncer à l'ordre alphabétique que je n'employe-
rai plus ; d'ailleurs il eft ridicule de fe fervir d'une certain ordre, où il n'y a jamais eu de rime ni de raifon.

K

ſes raiſons pour lui donner ſa confiance & l'engager à dompter l'humeur du premier ſire du
royaume, qu'il étoit parvenu à manier comme
une cire molle. Il faut flatter les rois quand on
veut en obtenir des ſottiſes ; auſſi celui-ci en ob-
tenoit-il tous les jours quelques nouveaux bienfaits. S. M. ne pouvoit guères s'accuſer que d'un
défaut grave, & M. l'abbé Poupart, qui ainſi que
toute la cour trouvoit ſon compte dans l'état où
ſe trouvoit le Roi à la ſuite de ce défaut, ne
l'en reprenoit que légèrement, de manière que
ce vice enraciné eſt dégénéré en fréquentes ha-
bitudes.

FARGES, (François de) conſeiller d'état,
ancien intendant des finances, et rappellé de
l'intendance de Bordeaux,   10,000 liv.

Obſervations.

M. de Fargès, après avoir été rappellé de l'intendance de Bordeaux, où ſes vexations l'avóient
rendu la terreur de cette province, ſe rendit
utile au Roi et aux miniſtres. Ce fut lui qui mit
le feu ſous le ventre du parlement, lors de l'affaire du vertueux du Paty, qui dans le conſeil

fomenta toutes les horreurs qui nous ont été ſi funeſtes, et qui dicta à M. d'Ormeſſon, ancien contrôleur, tous les préceptes qui pouvoient le conduire au vol des finances ; ce qu'il auroit probablement exécuté, ſi l'on n'eût chaſſé ce nouveau fripon pour en élire un autre.   De pareils titres ſont à coup ſûr dignes d'être penſionnés ; auſſi M. de Fargès jouit-il tranquillement de cette faveur, ſans ſe ſoucier des moyens qu'il a mis en uſage pour la poſſéder.

FAGET (Antoine de), ancien avocat-général du parlement de Pau,   2,000 liv.

Obſervations.

Je crois qu'il n'eſt guères poſſible de mieux rencontrer pour le ſecond volume de l'avocat-général Séguier, que l'ancien avocat-général Faget, dans ſes pompeux réquiſitoires.   Il parloit le langage de la divinité qu'il trahiſſoit à chaque inſtant, traître à ſa compagnie pour s'aſſurer bienveillance du ſcélérat Meaupou, traître aux bonnes mœurs qu'il avoit l'air d'afficher ; en un mot, hipocrite comme Séguier, tartuffe comme Seguier, ambitieux comme Séguier. Ces deux Antoines font la paire.

De Coli. . . . (Jean-François), auteur de 380 ouvrages connus par l'énergie de fa plume, et les ordres arbitraires que *Sartihne, Lenoir, Breteuil, la Moignon, le prévôt* de Verfailles, le prince *d'Orange,* le prince *de Liège,* (1) ont exercé fur lui, en fe chargeant de fon logement, entretient et aliment ; jugeant bien qu'une penfion de 600 liv. n'étoit pas fuffifante pour un être qui s'abreuvoit journellement d'une bouteille d'eau de vie double ; il dit un jour à M. *Lenoir* qui avoit ordonné *au Delaunay* défunt, de lui faire donner une bouteille de la boiffon qu'il defireroit boire : " Monfieur, je ne bois pas ces " liqueurs avec autant de plaifir que fi vous me " faifiez donner plume, encre & papier, pour " y coucher les idées que votre conduite me " fait naître." Il fut auffi-tôt conduit au cachot où il refta un mois.

____

(1) Le prince de Liège le fit arrêter à Aix-la-Chapelle, après avoir dépenfé 40,000 florins, et obtenu un ordre du fouverain ; nous fommes furpris que l'abbé de Syeyes n'en aye pas follicité autant, d'après la réponfe faite à fon projet contre la liberté de la preffe, intitulé : **Appel à la Vérité.**

LE LIVRE ROUGE,

OU

LISTE DES PENSIONS SECRETES

SUR

LE TRÉSOR PUBLIC,

Contenant les noms, les qualités des pensionnaires, l'état de leurs services, et des observations sur les motifs qui leur ont mérité
leur traitement.

SECONDE CLASSE.

Quatrième & cinquième livraison.

DE L'IMPRIMERIE ROYALE.

M DCC XC.

A V I S.

Le colporteur honnête, qui s'est lassé de donner du pain à un auteur infâme, qui ne se contentoit pas de ses plats écrits pour vivre, et qui y a joint le vol reconnu des vases sacrés de la Bastille et des billets escroqués à un libraire du Palais Royal, &c. &c. et qui n'a esquivé la corde que par une indulgence impardonnable, n'a point contrefait le Livre rouge. L'écrivain qui n'a fait que joindre ses observations, deffie l'abbé de la Rei. . . . de justifier la preuve qu'il puise ses citations autre part que dans les listes imprimées de l'assemblée nationale.

Mais l'abbé de la Rei. . . . a conservé son chiffre, au lieu d'adopter celui G A L; et ses ouvrages connus, établissent la question entre l'auteur de ce qu'il appel une contrefaction et celui qui des deux est un plat écrivassier ; mais je ne doute pas qu'on ne juge à son désavantage.

C'est le bonnet de la liberté que l'abbé de la Rei. . . emprunte pour orner son chiffre: échappé de l'esclavage il a raison; moi je la grave dans mon cœur et crains peu ses sarcasmes.

LE LIVRE ROUGE (1).

BERTIN (demoiselle Jules, Henriette Sophie), marchande de modes de la Reine de France,   2,400 liv.

Observations.

Marie Antoinette n'a pas toujours contrefait la prude ; elle s'avise en ce jour de se travestir en femme honnête, décente et de bonnes mœurs ; le pouvoit-elle sans le secours de mademoiselle Bertin ? Cette ingénieuse faiseuse de modes

---

(1) J'ai déjà déclaré qu'en feuilletant ce Livre rouge, je me suis de plus en plus confirmé que je ne devois pas m'assujettir à l'ordre alphabétique, je me bornerai donc à suivre les classes et prendrai les noms au hazard. Je ne ferai par là que satisfaire aux desirs publics qui consistent à vouloir voir clair, et c'est moi, moi publicain s'il en fut jamais, qui lui ouvre les yeux.

lui a dans le tems de ſes coquetteries outrées, livré les ajuſtemens qui facilitoient ſes malheureux ébats : aujourd'hui elle ſe déguiſe en femme humaine, bienfaiſante ; de tels ſecours ſont très-certainement du jouet des attentions du *reſtaurateur du bonheur public* ; auſſi flatté de l'art intelligent, agréable et néceſſaire de la demoiſelle Bértin, leurs majeſtés l'ont couchée ſur le Livre rouge à raiſon de 2,400 liv. Allons, pauvres diables, payez, payez morbleu les poufs Anglais, les caracos de Philadelphie, les plumes et les cotillons à la Sultanne, et ſur-tout l'effilé dont cette inventrice a donné le goût ; mais qu'à votre place je n'aurois pas accepté. C'étoit un pronoſtic de deuil, et malgré les *Té Deum*, n'auriez-vous pas dû entonner plutôt *Dies iræ*.

Capperonier (demoiſelle Burjo, veuve de), ... 4000 liv. la première de deux mille livres en 1779, pour l'achat d'une collection précieuſe d'ouvrages grecs et latins, la ſeconde de pareille ſomme pour un objet relaté dont le produit n'eſt rien moins que net.

Observations.

Mademoiselle Burjo, veuve de Capperonier, garde de la bibliotheque du Roi, a sur les fonds qui appartiennent moins au dépositaire suprême et à ses commis, qu'au public, 4,000 liv. de pensions secretes. Qui en est le motif? Je dois l'expliquer. Capperonier défunt, dont le diable est en possession, étoit associé avec *Robineau de Beaunoir* sous-bibliothécaire du Roi, lorsque lui-même en étoit garde. L'état nominatif des pensions, imprimé par ordre de l'assemblée, ne fait mention que d'ouvrages crés, livrés par lui; mais nous qui, grace à la liberté, sommes aussi grecs que Capperonier, nous affirmons à nos citoyens, que le fameux le *Noir*, ce scélérat pensionné tout aussi secrétement que les autres, se servoit de l'entremise du garde-bibliotheque d'un Roi qui n'a jamais lu que des traités de ferrureries; qui maintenant fait des discours comme un académicien François, pour vendre au poid de l'or dans un siècle où l'on est très-heureux d'avoir du bronze, les manuscrits de Jacques de la Douay, ceux de Morande, &c. Or, c'est à l'ancienne inquisition que nous devons les

L

4000 liv. de pension que nous payons si com-
plaisamment à la veuve d'un voleur.

Curtius (Jean Charles Pierre). 2,000
en 1784, en considération de ses talens et de
ses services.

Observations.

Jean Charles Pierre Curtius naquit en Al-
lemagne, et amena en France le goût des
portraits de cire, et après avoir à grand frais
décoré une loge au fauxbourg St. Germain, il
s'occupa à la garnir de l'effigie des voleurs fameux péris en place de Grève ; et le célèbre
Coffin, recruteur pour le régiment de Boulon-
nois, ayant mérité par ses hauts faits d'y trouver une place et d'y figurer à côté des Cartouches
et des Mandrins ; le sieur Curtius, même ayant
acheté de Charles Henri Samson la tête de
Coffin, la fit injecter et la montroit aux amateurs. Le sieur Morel, un des recruteurs du
même régiment, à qui la vue du cadavre de
Coffin étoit un reproche tacite de quantité de
tours du même genre, brisa les figures, et le
sieur Curtius emplit son sallon l'année d'ensuite
de voleurs d'un autre espèce. Il exposa une
collection de ministres, de fermiers-généraux,

de lieutenans de police, et de princes du fang. On juge bien que l'immortel M. Necker ne fût pas oublié ; pour encourager les talens de l'artifte, il eut une penfion fecrette de fur le Livre rouge. Auffi fa reconnoiffance eft-elle fenfible ; maintenant il montre à deux fous la pièce, le Roi, la Reine et les petits enfans ; *le marquis de la Fayette*, M. de *Clermont-Tonnerre*, &c. mais foit pareffe, foit économie, le fieur Curtius a tiré de fon grenier quelques-uns de fes anciens buftes pour en former des héros modernes, de forte qu'il a fait de Mandrin, le comte de Mirabeau, de Nivet, le fieur de Thouret, de Cartouche, le fameux Chapelier, &c. Cette fingularité eft annoncée au coin des rues par des vers pompeux à la louange du héros de l'Amérique et de M. Bailly.

B**roglie** (demoifelle Salbigoton Crofat de Thiers) . . . . 3000 en 1779, pour avoir fort bien accompagné mefdames de France.

Obfervations.

Quoique la fomme de 3000 ne foit pas quelque chofe de bien confidérable, il faut convenir que c'eſt encore trop payer l'avantage d'être en mauvaiſe compagnie : cette demoiſelle Salbigoton eſt l'épouſe de l'infâme maréchal duc de Broglio, de ce même ſcélérat nommé le généraliſſime de ces aſſaſſins qui devoient nous egorger au mois de Juillet dernier. Sa tendre épouſe, toute auſſi féroce, accompagnoit meſdames ; et ſi nous nous arrêtons au témoignage public, on ne peut que gémir d'un choix auſſi ridicule. Quoi! confier les perſonnes auguſtes de la famille royale aux inclinations atroces et perfides de la femme d'un monſtre et l'en récompenſer, c'eſt outrager l'honneur et la raiſon.

PLACIDE (Jean-Gilles-Blaiſe),   1200.

En conſidération de ſes ſoins, pour avoir appris à un fils de France, qui a toujours eu un goût particulier pour la corde, à s'y exercer.

Obſervations.

Qui croiroit que le comte-d'Artois ait eu le ſecret d'engager Louis XVI à ſouſcrire à une penſion auſſi ridicule et auſſi déſhonorante pour Sa Majeſté ? N'eſt-il pas abominable de voir un miſérable pantin, des tonneaux de Nicolet, obtenir une penſion de 1200 pour avoir montré à

un prince du sang royal à danser sur la corde ?
Le fait est cependant réel, et ce plaisir succéda,
à la Cour, à celui des courses ; et le professeur
de cet art ignoble avoit dans ce temps pour éco-
liers, le comte d'Artois, le duc d'Orléans, qui,
fameux voltigeur, faisoit honneur à son maître
le duc de Bourbon, et quantité d'autres. Monsieur pensa se rompre le cou, et se dégoûta de
cet exercise. Ah! sans doute, pour obtenir cette
pension, on profita d'un de ces instans où le Monarque ne savoit rien refuser. En outre, Jean-
Gilles-Placide fut le négociateur du traité qui
mit la demoiselle Billioni, sa sœur, du théâtre
Italien, dans le lit de S. A. R.

BULLOT (d^elle Magdelaine Beliard). 1000.
Pour récompense de sa direction.

Observations.

Cet article nous paroît singulier, et a donné
matière à nos observations. Eh! qu'étoit donc
la demoiselle Bullot, pour récompenser sa discrétion? travailloit-elle dans les cabinets des Ministres? Non: donnoit-elle à la Cour des avis
sages? Non : étoit-elle confidente de quelques-
unes de nos princesses? Non: mais qu'étoit-elle

donc? Blanchisseuse du linge de corps du comte d'Artois. On ne s'étonnera plus d'après cela qu'on ait payé sa discrétion. Un prince empoisonné par les faveurs de Vénus, ne pouvoit trop payer la discrétion de sa blanchisseuse qui, de temps en temps, savoit à quoi s'en tenir sur les galanteries de S. A. R. et qui en conséquence pouvoit, quoiqu'il s'en embarassât fort peu, troubler le ménage du prince, et rendre public les effets de la chasteté du comte d'Artois, qui n'auroit pas trouvé peut-être étrange qu'on ait su qu'il couroit les filles ; mais qui auroit sûrement été fâché qu'on sût qu'il avoit la chaud......

GAGNIE (d^{elle} Marie-Thérèse), 2000.
Ancienne femme-de-chambre de madame Louise.

Observations.

La dame Gagnié, dont la compassion fut si nécessaire à cacher l'extrême foiblesse qu'elle avoit pour les gardes du Corps, trouve ici place dans le Livre rouge. Lorsque la tante du Monarque se retira aux Carmélites de Saint-Denis, et qui, si la chose eût été à son choix, auroit certainement préféré de se retirer aux Carmes

de la Place Maubert, follicita fon neveu d'oc-
troyer à la dame de Gagnié, cette penfion de
2000 liv.; pouvoit-elle moins pour cette femme-
de-chambre qui l'avoit affifté dans fes couches,
et lui avoit procuré le moyen de dérober à toute
la France la connoiffance de cet enfantement,
quoiquec ette bête eût par-devers elle la reffource
dévote, au cas que la chofe eût été rendue publique, d'accufer le Saint-Efprit de fon acci-
dent.

CAILLOT (comédien Italien ordinaire du
Roi)   2,200l.

Obfervations.

Mais quelle fureur a-t-on donc de penfionner
ainfi les hiftrions? eft-ce que l'Affemblée nationale, en fes fages décrets, ne profcrira pas cette
indigne injuftice, Caillot en poffède encore 3000
autres de la maifon du roi à titre de retraite;
qu'ont-ils donc fait pour l'état ces farçeurs pen-
fionnaires? Et doit-on les récompenfer d'avoir
partagé chaque année 16, 18 ou 20,000 livres?
De tels bienfaits devoient plutôt montrer l'extravagance des Rois, que leur grandeur et leur
magnificence.

CARX (Barthelemi de),   1000 liv.
Maître de viole de Mesdames de France.

Observations.

Mille livres et 3,270 font 4,270 liv. pris sur le pauvre peuple, et réversibles sur les enfans, pour avoir montré à Mesdames de France à jouer de la viole, et avoir fait admirer en elles toutes les ressources d'un merveilleux dégagement de poignet. Je conçois que les arts et les talens sont dignes de récompense ; mais les arts et les talens utiles, et non l'adresse d'un ménétrier, qui, d'après ces pensions, se croit un homme nécessaire, et le premier de son siècle. J'applaudis un musicien renommé, mais des pensions ! Quelle absurdité ! Un philosophe, un maître de langue mourra de faim, et n'obtiendra des grands qu'une stérile compassion, tandis qu'un racleur de guitare ou un joueur de viole aura des pensions. *O tempora ! O mores !*

CAMPAN (delle Genet)   2000 liv.
Femme-de-chambre de la Reine.

Observations.

Le Trésor-Royal paye déja à mademoiselle Genet de Campan 487 liv. pour les services de Monfieur fon pere au département de la marine, et pour favorifer fon mariage. A la vue de toute la terre et fous le miniftère de Sartine, la marine fut pillée par Campan ; n'importe, on doit le récompenfer en la perfonne de fa fille, d'avoir augmenté le nombre des voleurs miniftériels ; enfuite il falloit bien que la femme-de-chambre de la Reine trouvât un époux, qui, pour de l'argent, fe contentât des appas flétris par les jouiffances féminines de la demoifelle Campan et Marie Antoinette : on ne peut pas plus reconnoiffante pour les fervices d'un certain genre, y en ajoute fecrettement 2000 autres; comment ne pas fe croire en graces avec la fortune, quand nos fervices font utiles aux grands ?

CAMPOURCY (Antoine Louis) 1200 liv.

Observations.

Monfieur Louis de Campourcy étoit receveur de la capitation des officiers, compagnies et communautés de l'hôtel-de-ville de Paris, 2472 liv.

M

déjà octroyés sur le trésor-royal, ne sembloient pas suffisans pour reconnoître les offices d'un fripon; mais comme il ne faut pas faire crier le peuple, le Livre rouge a été employé, et M. de Campourcy a trouvé 1200 liv.; ainsi l'on épuise les finances, loin de les améliorer. Les fermiers-généraux seront sans doute aussi pensionnés, lorsque, excédés de richesses, ils se retireront sur leurs coffres forts, et successivement l'on pensionnera les voleurs de l'Assemblée des Communes et les dévasteurs des forêts.

CAMUS (Pierre-Louis),   1000 liv.

Comme premier garçon de la chambre de Monsieur, et violon de la musique du Roi,

Observations.

Monsieur avoit accordé 1272 liv. de pension sur sa cassette, à Pierre-Louis Camus; Monsieur n'a pas pu payer. Le trésor-royal supplée u défaut de la cassette délâbrée de Monsieur frere du Roi, et 2400 livres pour avoir amusé le Roi à la messe pendant qu'un grand aumônier faisoit descendre un Dieu sur les autels au son des gavottes et des rigodons; ces deux pensions n'étoient pas suffisantes, alors on y a joint 1000 livres fur le Livre rouge ; et comme Pierre-Louis Camus eft toujours garçon de chambre de Monfieur, ces 1000 liv. font pour lui aider à faire, fur fon violon, danfer l'anfe du panier.

FERRAND, (Pierre-Jofeph), ci-devant fecrétaire de M. d'Ormeffon, ancien contrôleur général.   2,000 liv.

Sans motifs annoncés.

Obfervations.

J'ignore encore, et tout le monde l'ignorera fûrement avec moi, comment et pourquoi M. Ferrand fe trouve gratifié d'une penfion fecrette de 2,000 liv. Je fais bien qu'il a une très-jolie femme fur laquelle la reine a jetté deux ou trois tendres regards ; mais feroit-il poffible que M. A. aye pu fe réfoudre à s'abaiffer jufqu'à la valetaille ? je dis la valetaille ; car Madame Fergand autrefois Mademoifelle Biond eft la fille d'un ancien laquais de Paris de Montmartel, depuis grippe-fou, et maintenant retiré fur fes lauriers. Le fieur Ferrand jouit déjà d'une penfion de 4,000 liv. rendue publique par la voie de lifte imprimée, et cela pour avoir été fimplement le fecrétaire d'un fripon ; je rougis en traçant ces lignes, et sans doute, le livre rouge tombera des mains de ceux qui liront cette affreuse compilation.

CARAFFE (Placide, Simon),   1200 liv. un des vingt-quatre violons de la chambre du Roi et timbalier des gendarmes de garde de S. M.

Observations.

Bravo ! Bravo ! M. le timbalier, j'aime à vous trouver sur le livre rouge à l'âge de 71 ans ; voilà pourtant ce que c'est que d'avoir eu dans son tems une bien jolie femme. Croyez-vous que si par prudence on nous a laissé ignorer les mo‑ tifs de cette pension de 1200 liv. que nous soyons dans l'ignorance des aventures de ma‑ dame Cotaffe au parc au cerf ? Il est bien juste que Louis XVI paye les galantes promesses de

BAZIN (Charles-Pierre), gouverneur du petit Trianon, et intendant des plaisirs secrets de la reine,   4,000 liv.

Les motifs de cette pension n'ont pas besoi d'être déduits ; passons à l'observation.

Observations.

On peut consulter la vie de M. Antoinette,

pour savoir à quoi s'en tenir sur la légitimité de cette pension. Charles-Pierre Bazin est le plus complaisant gouverneur des aziles clandestins des palais de l'amour, et le plus propre à garder les manteaux ; il est incroyable le nombre des services que ce mercure adroit a rendu à la reine, aussi a-t-il trouvé que cette pension fut bien modique, quoi qu'il s'en fût bien dédommagé par le produit des apparitions de la reine à Trianon ; les restes seuls des petits soupers, les raffraichissemens, les bougies, en voilà plus qu'il n'en faut pour faire la fortune d'un bataillon.

BONTEMPS (Dlle. Marie Bellon), veuve du sieur Bontemps, premier valet-de-chambre du Roi,   22,000 liv.

Observations.

La Dame Bontemps, dont le bon temps est absolument passé, ne peut plus que s'écrier : Beaux jours de ma gloire, qu'êtes vous devenus ? Eh ! quoi 22,000 liv. ? Qu'est-ce que cette somme pour avoir été la courtière des plaisirs secrets de Louis XV, et pour avoir reproduit l'argent énorme que lui avoit extorqué défunt son époux, devant Dieu soit son âme ; en le plaçant dans l'ancienne compofition des fermes, pour avoir été elle-même la reftauratrice de fon tempéra- ment délabré ! quelle ingratitude en effet, avoir confacré fon temps à favorifer les plaifirs illégi- times de fon roi, et n'avoir que 22,000 liv. pour fruit de fes complaifances, il y a de quoi crier à l'ingratitude et à l'injuftice.

BOURGEOIS (Dlle. Charlotte-Louife) veuve de M. de Boynes, miniftre et confeiller d'é- tat, 6000 liv.
Sans motifs divulgés.

Observations.

Le bon M. de Boynes travailloit férieufement aux affaires d'état, et Madame fon époufe à la population ; dans fes idées de grandeur, con- ftamment attachée à la fortune, elle vifoit au folide, auffi le rencontra-t-elle ; fes galanteries intéreffées n'avoient en vue que de fixer les miniftres confrères de fon cher époux ; et avec ces Meffieurs, la clef d'or et la clef des cœurs, c'eft la même ; mais les miniftres qui de tous temps fe font débaraffés fur autrui de l'embaras de faire des libéralités, après l'avoir étendue fur leurs voluptueux canapés, dans leurs élégans boudoirs, la firent coucher fur le livre rouge, où elle fait corps avec quantité de fa trempe.

FILLEUL (Dlle. Rofalie Bocquet), époufe du fieur Bocquet, concierge du château de la Muette, et garçon de la chambre du roi.

Obfervations.

Encore des femmes de concierge de châteaux royaux, et des garçons de chambre! ne verrai-je jamais fur ce maudit livre rouge, tout auffi infernal que celui de l'ancienne police, que des époufes de complaifans fourniffeurs de beautés, plus complaifantes encore? D'après un travail auffi fingulier le calcul atroce qui en réfultera, ne fera-t-on pas convaincu que leurs majeftés prennent fur le tréfor public de quoi alimenter la plus vile partie du royaume?

FEYDAU DE BROU, intendant de la généra-lité de Caen, une penfion de   10,000 liv.

Obfervations.

Depuis que les généralités ont été partagées entre la fcélérateffe, l'extorfion et le brigandage des intendans de province, pourquoi celle de Caen auroit-elle été plutôt exempte des rapines du fieur Feydau de Brou que toutes les autres?

Le sieur intendant auroit-il obtenu de la probité
un privilège exclusif d'honnête homme? Cela ne
se peut pas, aussi Feydau de Brou l'a-t-il bien
prouvé; il est maintenant au diable avec les aris-
tocrates sortis du royaume, qu'il s'y tienne;
mais le livre rouge n'en sera pas moins fidel à
ses engagemens; et ses 10,000 liv. lui seront
payées avec autant d'exactitude, qu'il seroit possible d'en avoir pour le plus loyal de tous les
hommes.

FONTENU (François Ignace, ou Inigot),
brigadier, ci-devant capitaine au régiment des
Gardes Françoises,   6,000 l.

Pour sa désertion du corps avant sa fidélité
pour la patrie.

Observations.

Eh bien, M. Ignace, ou Inigot, comme
bon vous semblera, vous devez vous savoir un
gré infini de votre désertion, vous trouvez un
profit réel, ou d'autres, à la vérité qui ne vous
ont pas ressemblé, n'ont rencontré que de l'honneur dont vous vous souciez peu; mais que vou-
lez-vous? On ne peut pas tout avoir à la fois.
Laissez vos anciens confrères courir à la gloire,

et accommodez-vous des récompenfes pécuniaires, tout eft profit.

GUILLOT (Frédéric-Jofeph), intendant de la Marine au port et au département de Breft.
12,000 liv.

Sans aucuns motifs éclaircis.

Obfervations.

Nous apprenons, M. Guillot, que c'eft à M. de Sartines, ancien marinier en chef de la marine, que vous devez cette penfion ; vous vous paffiez alternativement le fon et la farine, et vous entendiez comme larrons en foire : il n'y a pas de mal ; ce que avez fait, un autre l'auroit fûrement fait en votre place ; le pis que j'y trouve, font ces 12,000 liv. que le livre rouge vous accorde fi complaifamment ; en vérité, c'eft vouloir étendre le pillage jufqu'à la poftérité. Eft-ce comme marins ? l'un et l'au re une place de forçats ne vous auroient pas mieux convenus. Je m'en rapporte au fentiment des honnêtes gens.

LA ROQUE (François), ci-devans premier commis du bureau des Colonies, 8,000 liv.
Pour avoir pillé les troupes et les colour.

Observations.

M. La Roque est le parfait pendant de M. Auda pour le coquinisme ; et c'est cependant ce même coquinisme qui fait ici la merveilleuse citation du livre rouge. Tous cés premies commis de bureaux qui tranchent du marquis, font le plus impudens malotrûs que le ciel ait éclairé ; l'ambition, le ridicule, la fatuité, l'impertinence, tels font les titres que ces gueux revêtus protégés de catins méprisables, avortons de l'espece humaine, employent pour se faire pensionner, raison de plus pour ne pas être étonné de voir ici le sieur François de la Hogue, qui réunit au suprême degré ces rares et merveilleuses qualités.

Groignard, (Antoine), ingénieur-général de la marine et capitaine de vaisseau.   8,000 liv. Sans motif.

Observations.

Oui, je dis sans motif ; car M. Antoine Groignard, ingénieur sans génie, n'a d'autre titre recommendable que celui de s'enivrer à fond de calle, ou fumer sa pipe, tandis que les soldats et matelots portent la charge et se partagent les dangers d'un com-bat-naval ; il fut à Ouessent, et

M. le duc d'Orléans aussi brave que dom Groignard, et qui aime les héros de cette trempe promit bien de rendre un compte fidel de sa bravoure et de ses talents; il lui a tenu parole, et voilà pourquoi le Groignard se voit gratifié de 8,000 liv.

GUERIN, (François), musicien ordinaire du Roi,   1,000 liv.

Observations.

Allons! fi donc, cela fait horreur; comment un misérable basson à 1,000 liv; de pension secrette, et pourquoi donc? Qu'obtiendront donc tant de braves soldats couverts de cicatrices, que mangent avec douleur un pain qu'on leur accorde avec l'apparence de la charité? quel avilissement, quelle dégradation pour la majesté royale!

GARDEL, danseur des balets du Roi, maître à danser de la Reine,   2,000 liv.

Observations.

Et qu'importe à la nation entière, que la Reine danse passablement bien le menuet ou la courante? qu'elle l'apprenne, à la bonne heure; quelle paye le baladin Gardel, en reine généreuse, d'accord; mais qu'elle le paie au cachet, et que cet impertinent faiseur de cabriolles, n'insulte plus dans son magnifique phaéton la misère publique, en éclaboussant insolemment la pauvre infanterie qui meurt de faim.

GUILLELMAU de Saint-Souplet, écuyer du Roi, et écuyer ordinaire de Madame Clotilde.

8,000 liv.

Sans qu'on sache pourquoi.

Observations.

Encore un gentil-homme d'écurie, on n'en rencontre que de cette espèce ; mais où sont donc les services rendus à l'état par ces animaux ? en honneur je ne le conçois. Ah ! que la politique du livre rouge est merveilleusement imaginée ; de telles indignités ne pouvoient être transcrites sans indécence sur le livre noir ; mais combien sur ce même livre n'en a-t-on pas obmise comme tout aussi existantes ? Les mines du Potose et du Pérou, ne suffiroient pas pour payer les pensions cruelles qui dévorent le plus pur des finances Françaises dont on a encore vu qu'une très-petite partie ; en en produisant le reste, je forcerai mes concitoyens à rougir avec moi de ces infâmes iniquités, dont l'inspection rebute, et qui font horreur à la nature entière.

LE LIVRE ROUGE,

OU

LISTE DES PENSIONS SECRETES,

SUR

LE TRÉSOR PUBLIC,

Contenant les noms, les qualités des pensionnaires, l'état de leurs services, et des observations sur les motifs qui leur ont mérité leur traitement.

SECONDE CLASSE.

Sixieme et septieme livraison.

LA LIBERTE VIOLA MON DIEU.

DE L'IMPRIMERIE ROYALE.

M.DCC.XC.

LE
LIVRE ROUGE.

Nogaret, (Fréderic-Erneſt), 2,000. liv.
Tréſorier général des maiſons, finances et do-
maines de monſeigneur le comte d'Artois.
Sans aucun motif reconnu.

Obſervations.

Je n'en vois qu'un pour avoir deux mille
livres de rentes particulieres à moins qu'on ne
lui tienne compte des ſervices qu'il a rendus à
Phelipaux, comte de Saint-Floren'in et du ſieur
la Vrilliere, en qualité de premier commis, mais
il eſt à préſumer que les ſervices qu'il a rendus
à S. A. R. en le dépouillant à l'imitation des
honnêtes gens qui lui ont appartenu, eſt ici ſon
titre de recommendation. Mais il eſt certain
que ſi le coquiniſme eſt un moyen ſûr pour obtenir les graces de la cour, perſonne n'y a plus
de droit que M. Nogaret qui, grace à ſon intrigue, pêche très-bien en eau trouble. Les ré-
venus du comte d'Artois épuiſés par les courſes

et les filles de joie, ne pouvoient augmenter les
finances du Nogaret; mais par l'intercession de
cette troisieme personne du mystere de la royauté
le livre rouge y a suppléé.

PINET, (Barthelemi), . . . 3,000 liv.
Premier commis de la marine et contrôleur de
la comptabilité des ports.

Observations.

Ce seroit ici une belle occasion de m'étendre
sur les concussions de ceux qui ont partagé les
travaux maritimes du sieur de Sartines, et Pinet
mieux que personnne, Pinet pourroit me servir
de preuves : personne, je crois, n'ignore qu'il
s'est fait à-peu-près 7,000 liv. de rentes sur les
pots de vins de l'entreprise du rétablissement du
bassin de Brest, cependant voilà encore une pension de 3,000 liv. et ce pour payer sa fraudu-
leuse direction, non sans doute, mais c'est une
preuve sensible de la reconnoissance du ministre
et le roi, qui dans ce tems-là comme en celui-
ci, n'a jamais fait que ce qu'on lui a fait fai-,
a souscrit à la pension.

RENAUD, (Rose), ... 1200 liv,
Maintenant actrice du théatre Italien.

Observations.

Dans le temps que le pere Renaud, courroit les provinces de villes en villes, fondant sa fortune, sur les talens d'un opéra comique représenté par des enfans, Rose Renaud, et Reine Renaud ses filles en formoient la quintessence, il fut à Versailles, et son opéra fut représenté à la cour, nos deux jeunes actrices qui viennent d'enchanter tout Paris dans *les deux petits Savoyards*, atteignoient cet âge où la nature se plait à former les plus charmans objets, œil agaçant, bouche de rose, levres appétissantes et une gorge naissaite, mon Dieu quelle gorge ! elle étoit surmontée par deux boutons de roses, l'yvresse du plaisir étoit l'expectative de la possession de tant de charmes. Marie-Antoinette les vit, et personne n'ignore que la vue de ces anges feminins faisoit sur elle autant d'effet qu'un jeune et joli jouvenceau sur les sens du marquis de Vilette, ou son confrere Girardin, après quelques scènes un peu moins décentes que celles d'un opera *Buffa*, la plume fut taillée, le livre rouge ouvert, et les deux jeunes cantatrices au gosier de rossignol cottées pour chacune 1200 liv. ce qui me dispense de faire un article à part pour

Reine Renaud, maintenant la bien aimée du joyeux Chenard.

POISSONIER, (Pierre), ... 3,000 liv.
Premier médecin consultant du Roi.

Observations.

Au physique empâté et vigoureux de Louis XVI, qui va sur les brisées de Louis XII. pour se déclarer le pere du peuple, à sa face émerillonnée, à son tein bourgeonné, chacun dira avec moi que sa constitution plus heureuse que celle que nous attendons, annonce que Pierre Poissonnier dans ses consultations à l'égard de Sa Majesté n'a pas mérité par des aphorismes d'Hyppocrate la pension de 3,000 liv. qui lui est ici légude. Comment se fait-il donc que je trouve ici son nom ? Le voici, c'est que Pierre Poissonnier dont les principes differens de ceux du docteur Sangrado qui prescrivoit la saignée et l'eau chaude, ordonnoit au contraire, le traitement de l'augmentation du sang. Delà provient cette stature réplette et matérielle ; c'est qu'il ordonnoit force consommation de vin de Bourgogne ; delà provient les sarcasmes : en outre, il a rendu l'eau de la mer potable j'en conviens ; mais si nouveau J. C. il eût renouvellé le miracle des noces de Cana, ce prodige eût doublé sa pension, ou s'il eût voulu s'immortaliser autant que le philosophe Genevois, que ne rendoit-il potable les philtres de la pharmacie, alors cet empirique devenu alchimiste utile, nous eût reconcilié avec les reveries de cette science cabalistique, et nous ne ferions plus en proie aux fureurs de Pagiot, et nos revenus seroient payés … et nous aurions du pain et … et … etc.

CARPOT, (demoiselle d'Auvilliers d'Epinay), 2,000 liv.

Veuve du sieur Carpot doyen des secretaires du Roi.

Observations.

Salut à la demoiselle Carpot, de Vauvilliers, d'Epinay, veuve du sieur Carpot, le plus sale et le plus lésineux du sacré collége; en honneur, je ne m'attendois pas à la rencontrer ici. Une nation secouant le joug et la fureur de ses tyrans, s'occupe à se délivrer de tout ce qui la peut faire retomber dans l'esclavage; mais un des points auquel elle ne s'occupera peut-être pas, ne seroit-il point d'abolir la noblesse de deux jours de ces vils financiers abreuvés du sang des peuples, et connus sous le titre de collége des secrétaires du Roi et depuis quand le monarque des Français a-t-il eu tant besoin de secrétaires, lui qui n'a jamais eu de volonté, depuis que les ministres se voient forcés de renoncer à leurs pouvoirs? Le bon Roi n'a plus d'autres désirs que ceux de la nation; or biffez-moi de l'étiquette, ces secrétaires ignorans et inutiles, le Roi n'a plus besoin maintenant que de compositeurs de discours, nous les écouterons prieusement de temps à autres. Ils feront gagner les fournisseurs de lampions et la vermine du collége et celle des écuyers, ne placeront plus leurs larcins sur le trésor public.

CHANDEAU, (Pierre), ... 1,200 liv.
Ci-devant sous chef du bureau des hôpitaux du département de la guerre.

Observations.

Voyez les causes des pensions secrettes des Cromot, des Laverdy, des Calonne, ils vous instruiront que le vol, les emprunts frauduleux, leur ont attiré les faveurs de la cour. On en peut dire autant de M. Pierre Chandeau, qui, au département des hôpitaux, n'a jamais marché que sur de semblables traces, mangeant les portions du soldat, entretenant des maîtresses, pillant les provisions et les fraycnus. Une telle conduite méritoit, certes, une récompenſe: auſſi 12,00 liv. ont été accordées à ce fripon.

GRETRY, (Erneſt-Modeſte), . . 2,000 liv.
Muſicien célebre.

Obſervations.

Nous avons vu, dans cette claſſe, des valets, des femmes-de-chambre, des intrigans, des balladins, un danſeur de corde et des joueurs de violon: voici maintenant un compoſiteur de muſique. Je n'ôterai rien à la réputation diſtinguée dont jouit, à ſi juſte titre, M. Erneſt-Modeſte Grétry; mais je ſuis bien aiſe, d'après le vœu que j'ai formé de ne rien laiſſer ignorer au public des cauſes particulieres des penſions, de lui apprendre qu'on ne voit ici M. Grétry cité pour 2,000 liv. qu'en raiſon de la muſique qu'il a compoſée pour les plaiſirs ſecrets de la cour, lorſqu'en 1780 on y repréſenta, ſur le théâtre des petits appartemens, la *Comteſſe d'Olonne*, et autres bagatelles innocentes de ce genre.

GRIMAUDET, (Jean-François), . 12,00 liv.
Ci-devant procureur-général du parlement de Bretagne.

Observations.

M. de Grimaudet ou Grimaudin, comme on voudra l'appeller, est ici pour 12,00 liv. quel en est le motif? D'abord, je l'annonce ici comme un personnage fanatique, dur, intolérant, et totalement brouillé avec le bon sens et toute espece de justice: quels services a-t-il donc rendus secrettement à la cour, pour en être si secrettement et favorablement traité? Il a donné sa voix à tous les enregistremens iniques qui se font faits depuis: il n'a jamais contrebalancé l'adhésion de sa compagnie aux décrets de l'autorité arbitraire: par-là, il s'est déclaré le vil complaisant des ministres, le tyran des peuples, le bas et rampant flatteur des bourreaux en puissance. *Ergo*, cela vaut bien 12,00 liv.

CLAIRVAL, (Guignard), ... 2,000 liv.
Comédien Italien ordinaire du Roi.

Observations.

Encore un histrion, et un histrion recommandable par quelques talens, mais plus encore par ses intrigues. A qui doit-il cette grace particuliere de la cour? A la recommandation de la prostituée Du Barry, qui n'a pas rougi d'escroquer le Roi Louis XV, pour donner des diamans à Clairval, qui jadis garçon perruquier, partageoit le lit royal avec cette effrontée courtisanne. La chronique scandaleuse assure que ce libertin, blazé sur l'article des jouissances, tout autant que le sieur Molé, du théâtre national, a couché avec sa fille putative, la demoiselle Lescaut ; mais je me garderai bien d'annoncer ce fait, n'en étant pas certain.

DESLANDES, (de Lancelot), . . . 3,000 liv.
Nourrice de *Monsieur*, frere du Roi.

Observations.

Le nom de fille de la nourrice de *Monsieur* est *Legros*. Les plaisans ne manqueront pas de s'écrier, en langage calembourdique, qu'il n'est plus étonnant qu'elle ait fait une si grosse nourriture, et que son grossier nourrisson ait mis à contribution le Livre Rouge, pour donner carriere à la tendresse filiale, aux dépens du peuple. Il est cependant à observer que le second bourgeois du Paris actuel n'a obtenu cette pension qu'après que la Reine a eu prouvé à son auguste époux qu'elle avoit trouvé le moyen d'obvier à son défaut de nullité.

CANONGETES DE CANECANDE, (demoiselle la

Mort), femme de chambre de mademoiselle Ade-
laïde de France. 1000

Observations.

Mademoiselle de la Mort eſt cependant bien
pleine de vie, et la plus lubrique des éveillées
griſettes de la cour ; mais une remarque que je
fais avec étonnement, c'eſt que dans l'immenſe
quahtité des penſions qui compoſent le Livre
Rouge, je n'y vois, à proprement parler que de
la valetaille, des intrigans, des baladins, et des
ſots ; encore ſi j'y voyois la preuve flatteuſe du
mérite récompenſé, et le ſalaire des ſervices
réels, je ne ſerois pas auſſi ſcandaliſé ; mais je
vois que je m'abuſe, et que la choſe n'étoit pas
poſſible, à quoi bon un Livre Rouge, à quoi
bon le ſecret de ces notices, eût il été beſoin
de faire un myſtere en rendant juſtice aux belles
actions ? non ſans doute, et je ceſſe de m'étonner de trouver ſur ce catalogue d'iniquités, autant de catins, de bas valets, et autant de per-
ſonnages ignobles.

CARLE, (Joſeph André), ... 1000
ancien ſergent aux Gardes-Françaiſes.

Observations.

Monſieur Carle a 1000 liv. de rentes pour
avoir ſu ſe faire ; eh ! comment c'eſt qu'il fut

particulierement chargé de la garde de Robert François Damiens, et que dans le cours de sa détention, cet exécrable parricide, qui cependant en réussissant dans son projet, nous auroit épargné bien des maux, a nommé quelques perfonnes qui n'auroient pas gagné à être connues; on fut long-tems à prendre parti sur le traitement à faire au fieur Carles; la moindre indifcrétion l'eût envoyé dans l'autre monde par la vertu d'un breuvage foporifique; mais il ne fe démentit point, conséquemment on lui paye 1000 liv. fon criminel filence.

CAULINCOURT, (Gabriel marquis de), 2,000 liv.

En raifon de peu de fortune.

Obfervations.

Et la lifte approuvée en annonçe 3,000, voilà donc 5,000 liv. parce que le marquis de Caulincourt a peu de fortune, il faut bien faire quelques chofes pour les grands; mais monfieur le marquis, qui à la vérité n'a pas beaucoup de fortune, croit-il laiffer ignorer qu'il a épousé la petite niece de M. de Baujon, qu'il en a eu 90,000 liv., qu'il poffède une terre fuperbe aux environs de S. Quentin en Picardie, que cette terre eft d'un immenfe revenu, et c'eft en raiſon de ce qu'on ajoute à ſon peu de fortune, qu'en diront nos neveux, madame de Caulincourt eſt encore, malgré ce que j'annonce, dame de compagnie de madame la comteſſe d'Artois.

CHAMPFORT, (Nicolas de), . . . 12,00 liv.
Poëte et académicien Français.

Obſervations.

Avec 3,200 liv. reconnues par la nation, voilà les travaux littéraires de M. de Champfort récompenſés. Qu'a t-il donc tant produit ? de quelles poëſies utiles ſa verve fameuſe eſt elle accouchée, de quelques mauvaiſes comédies repréſentées ſur le théatre national, de quelques centaines de madrigaux ſur les filles de la Reine ; il eſt vrai qu'il a fait un Roman ſcandaleux intitulé *Zeoquinizul Roi des Coſſirans,* pas trop à la louange de defunt Louis XV ; mais qu'importe, la Reine n'aimoit pas trop le grand papa, et à la cour on paye aſſez volontiers les gens qui diſent du mal les uns des autres. Je ſerois curieux de ſavoir ce qu'obtiendra Chenier pour avoir éclairé hardiment le peuple ſur les horreurs du ſiecle de Charles IX.

D'AIGUILLON, (Robert Joſeph), . 12,00 liv.
Maître d'hôtel de ſemeſtre de madame la comteſſe d'Artois.

Clerc d'office de la maison du Roi, et Gendarme réformé de la garde du Roi.

Observations.

Monsieur d'Aiguillon qu'il ne faut point ici confondre avec le fameux d'Aiguillon, que les sottises et les indignités on rendu célèbre, étoit vivement protégé par le Roi Louis XV, qui promettoit beaucoup à ses favoris : ce Roi voluptueux lui fit épouser la demoiselle Bourdin une de ses mises-bas, et lui promit en conséquence une place de finance, qu'il a la simplicité d'attendre encore à 70 ans ; il est vrai que le trésor royal lui donne pour cet objet 2,400 liv. et le Livre Rouge l'a consigné pour 1200, ces mariages-là peuvent avilir, mais le cocuage qui n'est pas au rang des maux bien dangéreux, a comme on le voit à la cour quelques avantages :

LA HARPE, (François de), . . . 2,000 liv.
La premiere de 8,00 liv. en 1781, pour une ode au roi, et la seconde en 1782 de 12,00 liv. sur des stances irrégulieres sur les cheveux de la reine.

Observations.

L'indignation s'empare de tous les esprits, quand on vient à considérer que des sujets aussi frivoles, trouvent place dans la distribution des faveurs clandestines de la cour. M. de la Harpe en se servant de ce moyen pour augmenter sa fortune, a bien confirmé le public dans l'opinion qu'il avoit de sa bassesse. Cet auteur académicien Français, n'a pas rougi dans aucun tems d'en administrer les preuves les plus complettes et les moins équivoques. François de la Harpe nacquit au sein de la misere, avec quelques dispositions pour la poésie. Voltaire le lança dans la carriere des letttres, et ses premiers essais furent les plus infâmes libelles contre son maître et son protecteur; libelles qui lui auroient fait obtenir un appartement de cinq pieds carrés au château de bicêtre, si son indulgent Mécène n'eût intercédé pour lui. Bas et rampant avec ses supérieurs, il est insolent, et dur avec les autres; pour juger de ses talens en littérature, on peut s'en rapporter à cette epigramme.

Sur la montagne au double sommet,
Croyez-vous, mes amis, que la Harpe gravisse;
Lisez depuis Warwik tous les vers qu'il a fait,
Vous verrez qu'il y monte à grands pas d'écrevisse.

LALLOUET, (Pierre), ... 18,00 liv.
Docteur régent de la faculté de Cythere.

Observations.

On peut maintenant, sans craindre le danger, frequenter les chauves-souris de Cythere, les hirondelles du palais-royal, et les galantes marquises de cour. Messire Piere Lalouet est avoué, par la liste des pensions, propriétaire de 18,000 liv. pour avoir rendu public un remede sûr, contre les maladies venimeuses. Mais pourquoi trouvai-je aussi ce régent de la faculté sur le Livre Rouge ? Cette infâme maladie se feroit-elle rendue commune á la cour ? Je n'en serois pas surpris d'après les attestations de bonne conduite de principaux personnages qui y séjournent. Le motif singulier de cette pension, m'engage de citer ici celle de 1000 l. que le sieur marquis de Villette donne à Crosnier son chirurgien, qui á trouve de même le secret de guérir radicalement la cryst xxx maladie bien plus cruelle et plus honteuse, mais qui s'invétere par un autre canal.

LAMETH, (Alexandre-Victor, chevalier de),
2,000 liv.

Colonel de dragons, et maintenant député à l'Assemblée Nationale.

Observations.

Je suis fâché de voir sur le Livre Rouge le nom d'un guerrier vaillant, tout-à-la-fois brave et patriote sensible, et que ce soit à la recommandation du comte d'Estaing que cet homme estimable jouisse de 2,000 liv. de pension se-crette, comme si le vrai mérite avoit besoin de recommandation. Ah! sans doute ce député, à qui la nation a tant d'obligation, n'a pas sollicité cette faveur; il en est incapable, et sa délicatesse en auroit gémi. Il rapporta des lauriers de la Grenade; mais ils ne lui sont sûrement pas aussi précieux que la couronne civique de myrthes qui l'attend après la constitution.

LAMY, (Joseph David), - - 2,000 liv.
Ci-devant secrétaire du garde-des-sceaux.

Observations.

Qu'il est dur d'être obligé de s'arrêter sur les motifs de cette pension, couchée sur le Livre Rouge, et le nom de Joseph-David Lamy ne suffit-il pas pour toute observation? Qui pourroit ignorer que cette ame de bone n'ait été l'agent intime des scélératesses de l'exécrable Miromenil? Son ame damnée est l'inique dépositaire des secrets criminels de cet indigne garde-des-sceaux : et la nation souffre seulement un seul instant que ce coquin, enrichi par des monopoles et des rapines odieuses, jouisse tranquillement de ses pensions ! Un gibet, morbleu, un gibet ! voilà dans ce moment où la justice fait un généreux retour sur elle-même, la seule récompense qui soit digne d'un monstre semblable.

Lançon, (Philippe-Clément de), 1,800 liv. Procureur-général au parlement de Metz.

Observations.

J'en suis fâché pour vous, M. de Lançon ; mais pourquoi diable vous trouvez-vous ici ? Est-ce en raison de votre amour pour la mauvaise société dans laquelle vous figurez si merveilleusement bien ? Dans ce cas, vous êtes digne de votre place. Est-ce en raison de vos iniquités au parlement de Metz ? Double raison pour figurer dans le Livre Rouge, dont les pages en sont remplies. Est-ce en raison de votre liaison perfide avec le marquis de Caraman ? Troisieme motif on ne peut pas plus légitime. Est-ce en raison du soutien accordé par vous au maréchal de Broglie, pour l'accaparement des grains de votre province ? Quatrieme droit aux penfions clandeftines. Eft ce enfin pour vos proteftations contre les décrets de l'Affemblée Nationale ? Si cela eft, bravo, M. Lançon, bravo, bravo, jouiffez de la récompenfe de vos hants faits, et continuez de plus en plus à démentir le proverbe, qui affure que les coquins ne profperent jamais.

LANGLOIS DE SEPTENVILLE, (Louis-Leon),
1,000 liv.

Ci-devant adminiftrateur des poftes.

Obfervations.

Si c'eft pour contineur à raffembler dans votre petite maifon le joli effaim de proftituées et de ganimedes, qui en fait journellement les honneurs, que vous recevez annuellement 1000 liv. de penfion. Je puis vous protefter, M. de Septenville, que vous rempliffez on ne peut mieux les intentions fages du créateur de cet accroiffement de fortune ; mais pour Dieu, et pour l'exemple des mœurs, renoncez à ces occupations libertines, à ces orgies fcandaleufes, à ces repréfentations infames : ceffez de vous déclarer l'amour des deux fexes ; tenez-vous-en a votre coquinifme dans l'adminiftration des poftes ; car, en bonne confcience, et fous la main active d'une juftice plus jufte que la nôtre, il y en avoit plus et beaucoup plus qu'il n'en falloit pour vous faire rendre gorge, ou vous faire pendre. Cependant je vous conseille, en homme à qui vos intérêts sont chers, à renoncer à la nouvelle place de finance qui vous est promise: croyez-moi, profitez de la circonstance; sacrifiez nous une partie de ces vols considérables qui vous deshonorent: formez-en une *contribution patriotique*; c'est-là le seul moyen qui soit en votre puissance pour faire une restitution qui ne soit pas diffamante, et vous faire consigner dans les procès-verbaux de nos représentans: cela pourra vous valoir quelques épigrammes de la part de ceux qui ne seront pas dupes; mais qu'importe, cela se passera. Cet acte se gravera sur l'airain, tandis qu'on lira sur votre front, de même metal, vos rares qualités.

LANGLOIS DU BOUCHET, - - 1,000 liv.

Captaine attaché au régiment de Conti, et aide-major général d'infantèrie, ci-devant employé à l'armée de Rochambeau en Amérique.

Observations.

Personne mieux que le général de la Fayette, ne pourroit donner la clef du traitement particulier accordé au sieur Langlois du Bouchet, quant à moi je n'en diftingue pas le motif, fans doute un jour ou l'autre nous en découvriront le véritable motif. Si cette penfion ne dattoit pas de l'année 1780, je pourrois m'imaginer que c'eft pour avoir fécondé les projets ariftocrati-ques dans la ville d'Amiens, lorfque le régiment de Conty y fit fa belle équipée, mais comme ce fait eft moderne, il ne peut-être la caufe du bienfait, mais il eft au moins de fa part un acte de reconnoiffance.

LAPIERRE, (Jean Gabriel),   - -   1,000 liv.

Commis de la marine retiré.

Obfervations.

Je me borne à obferver ici que c'eft au Sar-tine que Jean Lapierre déja cité dans la lifte publique des penfions, pour 4,000 liv. doit celle de 1,000 liv. dont parle le Livre Rouge ; on an-nonce que c'eft en preuve de la fatisfation de fes anciens fervices rendus dans les bureaux ; on n'ignore pas quels étoient les fervices qui pou-voient complaire à ce miniftre, qu'eft-il befoin d'autres obfervations ?

LASTIC, (demoifelle de Mefears de), 2,000 l.

Dame de compagnie de madame Sophie de France.

Observations.

4,000 liv. sur la liste publique des pensions, et 2,000 liv. sur le livre rouge, ne conviendra-t-on pas avec moi que c'est-là de l'argent bien employé, et des largesses justement acquises, 6,000 liv. à une bégueule, et le tout pur avoir l'honneur d'accompagner une morveuse.

LAUJON, (Pierre), - - - - - 1,000 liv.
Secrétaire des commandements de monseigneur le prince de Bourbon.

Observations.

Nous espérons bien, d'après la récapitulation faite de touts les fripons qui composent la légende eu Livre Rouge, que ce livre sera brûlé et ses cendres jettées au vent, et à coup sûr M. de Laujon ne sera pas un de ceux dont nous regrettions plus le souvenir. Si c'est comme secrétaire des commandemens du prince de Bourbon, qu'il est ici gratifié en honneur, le Livre Rouge prend bien de la peine.

LAURENT, (dlle. Juliette Rousseau), 1,000 l.

Observations.

Pour avoir présenté avec succès le bout du

téton à Madame premiere, Mlle. Laurent se trouve en possession de 4,915 liv. puisque la liste publique en cite 3,915 liv. je ne sais pas trop si je rencontrerai bien du monde de mon sentiment; mais j'aurois été assez d'avis que cette somme exhorbitante pour une nourrice eût été prise sur la cassette de la Reine, et les épargnes de Charles Philippe Comte d'Artois. En bonne conscience, ceux qui les font, ne sont-ils pas obligés de les nourrir ou de récompenser les nourrices.

DUPUIS, (dlle. Françoise Chalumeau), 2,000l. Nourrice du comte d'Artois.

Observations.

Je finis cette livraison par dire que Mademoiselle Chalumeau a sans doute allaité son nourrisson avec du lait de vipere, et que si leurs majestés eussent bien fait, ou plutôt que la Providence nous eût regardé d'un œil de pitié, la la dame Dupuis n'eût point participé aux bienfaisances enregistrées au Livre rouge, car l'enfant eût été étouffé au berceau.

LE LIVRE ROUGE,

OU

LISTE DES PENSIONS SECRETES,

SUR

LE TRÉSOR PUBLIC,

Contenant les noms, les qualités des pensionnaires, l'état de leurs services, et des observations sur les motifs qui leur ont mérité leur traitement.

SECONDE CLASSE.

Huitieme et Neuvieme livraison.

LA LIBERTE VOILA MON DIEU.

DE L'IMPRIMERIE ROYALE.

M.DCC.XC.

AVIS IMPORTANT.

OU le Moniteur Pankoukement, dans son Numéro 65 de la Gazette Nationale, avec une impudence qui lui est familiere, ou l'Assemblée Nationale joue au fin avec le Peuple, lorsque, dans sa séance du vendredi 5, elle insiste sur la demande du Livre Rouge, et produit, à cet égard, une lettre de M. Necker, en date du 14 Janvier, portant ces mots : "Le Roi a desiré de garder " le Livre Rouge ; il m'autorisera, sans doute, à en " donner communication à une deputation du Comité des " Finances, ou de celui des pensions ; j'aurai l'hon- " neur de vous faire connoître les dernieres intentions " de Sa Majesté."

Cependant ce Livre Rouge circule dans le Public, par les soins secrets du Comité des Finances, qui, sans doute, a prudemment jugé que son impression pouvoit être dangereuse, en raison des indignes prodigalitée qui y sont consignées. Il en est tant d'autres dont la pu- blicité souleve, avec raison, les esprits. Or donc, en- core quelques cahiers, et les intéressés seront instruits des articles contenus au Livre Rouge. L'Assemblée Nationale n'en aura point ordonné la publication, et elle attendra, pour prononcer sur le sort de ces pensionnaires illegitimes, qu'un Peuple, justement outragé du crimi- nel abus de ses fonds, aye prononcé lui-même sur cette revoltante déprédation.

LE
LIVRE ROUGE.

La Porte, (Baptiste-François), . 12,00 liv.
Intendant de Lorraine, et à la sollicitation de
M. Neker.

Observations.

Un intendant de la Lorraine, connu pour le
plus fameux commerçant de grains, et dont la
réputation infâme est exécrée dans les villes de
Nanci, Toul et Lunéville, se trouve ici placé,
par l'entremise de M. Necker. Quel but peut
avoir engagé ce ministre, dont les vertus énig-
matiques commencent à changer de formé, à
se déclarer le protecteur d'un accapareur ? Au-
roit-on visé droit au but ? Ah! Marat, Marat !
que ne nous laissiez-vous notre erreur; elle
nous étoit chere. En nous dévoilant la conduite illicite de M. Necker, vous avez détruit
une illusion qui faisoit notre bonheur. Ce remede cruel nous a plongés dans la douleur. Je
ne sais pas trop si nous vous devons de la reconnoissance pour nous avoir eclairé sur une chi-
mere qui faisoit nos délices.

I

LA RIVIERE, (dlle. Rosset de Fleury de), ... 2,000 liv.

Observations.

Cette demoiselle de Fleury est un être ignoré de la plupart, et connu seulement pour fille de demoiselle Duchesne de Fleury, dame du palais de la feue reine, cette femme passive. Quels éminens services le demoiselle Duchesne a-t-elle rendus à la feue reine ? Elle l'a consolée dans ses disgraces conjugales ; elle a épié les démarches de Louis XV, qui s'en soucioit peu ; elle a partagé le bigotisme de la veuve vivante de ce roi libertin ; elle a disputé sur la controverse ; elle a excité, au nom de la reine, qui ne pouvoit plus s'amuser que de cagoteries, les prêtres flatteurs à entretenir le trouble dans la monarchie. Doit-on être étonné, d'après ces services recommandables, que sa fille jouisse de 6,000 liv. avouées, et de 2,000 liv. *incognito* ? Non, ce traitement est dans l'ordre. Quelles abominations !

LARRIVEE, (Henri), ... 1,000 liv.
De l'Académie Royale de Musique.

Observations.

Soyez le bien arrivé, Monsieur le célèbre

chanteur : en 'honneur je vous félicite. Quoi ! 1,000 liv. et 4,800 liv., n'est-ce pas une honte à la nation de souffrir qu'un misérable pantin de votre sorte descende du théâtre avec 5,800 liv. de rentes ; et qu'auront donc tant de braves gens qui ont versé leur sang pour la patrie, et qui, pendant dix années entieres, se sont morfondus dans les antichambres des ministres ?.... Ce qu'ils auront ! le mépris des grands, les rebuffades de leurs valets, et les ironies ameres des commis .... O nation ! nation ! combien la postérité soupire après ta régénération ?

LA SALLE, (Philippe de), .. . 2,000 liv.
Ingénieux méchanicien.

Observations.

Encore passe pour un homme utile : les découvertes intéressantes doivent rapporter à leurs auteurs ; mais le trop est le trop. et 6,000 liv. déja avouées n'étoient-elles pas assez considérables ? Il est vrai qu'à tout considérer depuis deux siecles que l'argent, en France, se jette par les fenêtres, on ne doit plus s'étonner de rien. Morel, ancien tambour-major de régiment, reçut 12,00 liv., à la vérité une fois payées, pour avoir trompé le roi défunt, la famille royale, et fucceffivement tout Paris, par a vue d'un finge qui jouoit de la vielle. Ce nouveau phénomene confiftoit dans une mécha-nique renfermée dans l'inftrument. Je m'étonne après cela, qu'on n'ait pas fait une penfion fur le Livre Rouge au Tarlala, ou l'ours rafé, qu'on voyoit, il y a quelques années, à la foire Saint-Germain.

LA VALLERY, (dlle Thérefe Héquet), 1,000 l. Nourrice de madame Elifabeth.

Obfervations.

Courage, courage mefdames les nourrices, 4,415, et mille valent 5,415, pour avoir nourri une dame de France dont nous nous ferions bien paffé.

LE BERTHON, (Jacques Hyacinte), 2,000 l. Premier préfident du parlement de Bordeaux.

Obfervations.

Si je n'avois pas voué pour tout ce qui tient aux parlements, une haine immortelle, je crois que M. le Berthon, que je fuis fcandalifé de trouver ici en auffi mauvaife compagnie, me réconcilieroit avec eux. Ah! que tous les pre-miers préfidents ne reffemblent-ils à celui-ci,

c'eft alors que l'on n'auroit pas tant de repro-
ches à faire à ces indignes et exécrables compagnies. Non, ce n'eft pas fur le Livre Rouge
que M. le Berthon devroit être porté, mais
bien fur la lifte publique, et au lieu de 6,000l.
pour fept, y compris les mille fufdits, et cette
dette légitime la nation s'emprefferoit à la
payer.

LE BLANC, (Charles Hyacinte), . 12,00 liv.
Secrétaire de l'intendance de Soifons, et ci-
devant caffier pour les rentes à la caiffe des
amortiffemens.

Obfervations.

Encore un de nos honnêtes gens fortement
attachés aux maximes frauduleufes des intendans de province, allons M. le Blanc, falut,
honeur et joie, malpefte vous n'êtes pas fi
malheureux, vous comptez la totalité de
4,600 liv. de penfion; c'eft fort honnête pour un
fecrétaire d'intendance, et un caiffier accoutumé à faire valoir les fonds de fa caiffe à
fon profit. Encore vos trois filles, jeunes et
jolies, auront fur cette totalité chacune 400 l.
voilà ce qui s'appelle jouir d'un bonheur parfait.

LE BRET, (Paul Charles Cardin), 2,000 l.

Greffir en chef du parlement de Paris, c'eft-à-dire le capitaine illuftre de la bande de voleurs, greffiers et fous greffiers de l'illuftre et honorable dompagnie.

Observations.

Cardin, ou gredin le Bret, la rime et la raifon font ici parfaitement d'accord, peut fe flatter à jufte titre d'être le plus fameux fripon du parlement de Paris, depuis le premier préfident jufqu'au concierge Hébert; or donc gredin le Bret poffede en totalité 6,240 liv. de penfion. Peut-on plus honnêtement payer un voleur ? mais enfin quels font donc fes nobles travaux.

Il a détourné les pieces juftificatives du fameux procès d'Aiguillon contre M. de la Chalotais.

Celles de Bergaffe, contre Leroué de Beaumarchais.

Celles de madame de Saint-Vincent, contre le maréchal de Richelieu, &c. &c. . . . hommages foient rendus à gredin le Bret.

LEFEVRE DE CAUMARTIN, (Louis François), ... 1,000 liv.

Ancien intendant de Flandres et d'Artois,

et depuis prévôt des marchands de la ville de Paris.

A la follicitation du duc d'Orléans défunt.

Observations.

Le duc d'Orléans défunt prit plaifir à fe rendre utile à cette famille, et Louis François Lefevre de Caumartin, auffi politique qu'interreffé, fut tirer parti de la protection déclarée de ce prince; Caumartin le fils s'en reffentit au point d'être admis au palais-royal, et au palais des félicités chez madame Monteffon, et d'y jouer la comédie avec le duc d'Orleans. Meffieurs les pantins du Fauxbourg Saint-Germain qui s'enorgueilliffent de tout, auroient dû faire ufage de leurs fublimes réclamations de ce trait qui n'eft pas un des moins conféquens de la vie de ce prince, et s'appuyer de l'exemple de S. A. S. rien en effet de fi plaifant que de voir un prince du fang royal, oublier fa dignité pour contrefaire un ruftaut, tandis que fon fecrétaire revêtu d'habits richemens brodés, lui prefcrivoit des ordres; il eft vrai que M. fon fils a par fois fait bien pis.

LE FÈVRE, (Nicolas Claude), . 12,00 liv.
Procureur général de l'ancien confeil fupérieur de Pondichéry.

Observations.

Jouez au fin, mettez de l'ordre dans vos parties, et vous serez sûr du coup; c'est ainsi qu'à fait Nicolas. Claude le Fevre, et qu'il a été un des favorisés du Livre Rouge, tandis que Thomas Arthur de Lally a fini ses jours à la greve. Cependant M. le Fevre fut son complice, mais le caractere bouillant et indomptable de Lally, ne lui permit pas d'accorder le crime avec la prudence, il fut victime de son peu de raisonnement, et le même instant où il expira sous le fer du bourreau, fut celui où la main qui signoit son arrêt, signoit sur le Livre Rouge la pension de Nicolas Claude le Fevre.

LE FEVRE D'AMECOURT, . . . 2,000 liv.

Conseiller de grand chambre au parlement de Paris.

Observations.

Non je ne crois pas qu'il soit sur ce livre aucune pension plus illégitimement acquise, que celle du sieur le Fevre d'Amécourt, dont les projets se sont toujours bernés à inspirer à sa compagnie les sottises qu'elle n'a cessé de commettre; digne rival en sélératteffe des d'Aligre, d'Epréménil, Titon, on ne le vit jamais animé que de deux paſſions, l'intérêt et l'ambition. Ce ſunitique et peu délicat, Conſeiller, augmentoit le nombre de ces coquins, qui zélés partiſans de l'exportation, ont accumulé des tréſors par cet indigne moyen. Lorſque les ariſtocrates prirent la fuite, il n'avoit que trop de raiſons pour ſuivre le même parti; mais comme l'effronterie et l'impudence forment ſon appanage, il revint quand l'orage fut paſſé, c'eſt à la reine qu'il a obligation du traitement ſecret de cette penſion.

FRANÇOIS, (Nicolas le François), 1,000 l.
Porte étendart de la compagnie écoſſaiſe des gardes du corps du Roi.

Observations.

On obſerve que le traitement de cette penſion n'eſt ici en date que du jour mémorable et funeſte que les gardes du Roi à Verſailles mirent en uſage la plus inſigne lâcheté, pour conſommer la plus infâme trahiſon, que François, Nicolas le François étoit un des plus animés contre le peuple Pariſien, qu'il porta des coups à quelques-unes de nos héroïnes, et auroit certainement vu porter ſa tête au bout d'une pique, s'il ne s'étoit dérobé dans la foule au jufte châtment de fon indignité. D'après la connoiffance qu'on a de la juftice des faveurs de la Cour, doit-on s'étonner de la voir fur le Livre Rouge.

LE HOC, (Grégoire) le,　　-　　12,00 liv.
Premier commis de la marine, retiré.

Obfervations.

Je ne m'étonne pas que M. Grégoire le Hoc foit retiré, je ne m'étonne pas non-plus qu'il ait d'une part 6,000 liv. de retraite, et 12,00 liv. fur le Livre Rouge. Les fervices qu'il a rendus dans les derniers armements, font dignes à tous égards de cette récompenfe ; il eft vrai que ces mêmes fervices lui ont rapporté 8,000 liv. au par-deffus. Que ces premiers commis font heureux d'afficher pendant quelque tems l'impudence de commettre des larcins avec fécurité, et de s'en voir enfuite gratifié. Certes, voilà ce qui s'appelle être né coëffé, M. le Hoc, qui tiroit parti de tout, et à qui le nom de fripon eft Hoc, rendra tout le tems de fa vie, graces à l'ineptie du miniftere.

LE NOIR DE PAS DE LOUP, (Paul-Gabriel),　-　-　-　-　12,00 liv.
Ancien commiffaire ordinaire des guerres

2

Observations.

C'est à pas de loup que M. le Noir de Pas de Loup a fait son chemin, et en applaudissant à toutes les vues et extravagances de M. Choiseuil, dont il étoit une de plus intimes créatures et le plus parfait confident. Le mémoire de ce ministre est trop récent, pour qu'on puisse ignorer qu'auprès de lui, la politique et la basse complaisance, étoient les seuls moyens pour parvenir, et quiconque ne rougissoit pas de s'avilir en fléchissant le genouil devant cet arrogant usurpateur du pouvoir de son maître, étoit assuré d'être en possession de faveurs de la cour. Pas de Loup connoissoit la recette, il s'en servit, aussi possede-t-il 5,000 liv. de pension.

Le Prince, (Pierre Michel), 1,000 liv.

Garçon de garde-robe, ordinaire du Roi.

Observations.

Faisant avec 4,925 celle de 5,925 ; à trente-huit ans jour de ces pensions, être encore en exercice, doit-on douter de n'être pas un jour millionnaire ? Il en est dans ce bas monde qui suivent la fortune au pas, mais M. la Prince a couru au galop sur ses traces. Dans le temps

que Louis XVI. s'occupoit fortement de la fer-
rurerie, Pietre-Michel le Prince étoit son premier garçon de forge. Le monarque qui ne
connoissoit rien au dessein, que de limer et re-
limer, pas même les affaires de son royaume,
fut un gré infini à Pierre-Michel, de l'ardeur
avec laquelle il faisoit aller le soufflet. Louis
XVI. faisoit des pitons, des visses, des écrous,
et le Prince se forgeoit des revenus ; je trouve
qu'en ces instans la sagacité du sujet l'emporte de
beaucoup sur celle du monarque.

Le Roux, (Jacques), - - - 1,000 liv.

Anciens secrétaire de feu M. le chancelier de
Lamoignon.

Observations.

On seroit plus surpris de ne pas recontrer
ici le sieur Jacques le Roux, que de l'y voir ;
ce seroit une espece de miracle que le secrétaire d'un chancelier soit oublié sur le Livre
Rouge, on ne sauroit qu'en penser, et il faudroit absolument s'être rendu coupable du
crime da léze-chancellerie. Mais Lamoignon
connoissoit trop bien son monde pour s'y trouver exposé, et d'un autre côté Jacques le
Roux étoit trop adroit pour se mettre dans
le cas d'être disgracié. Il possede donc en
paix 4,000 liv. de pension, sans compter

les pots de vin, les lettres de grace, et la pro-
tection qu'il accordoit à tous venans pour de l'argent auprès de son maître, ce qui l'a mis à même de déculper ses revenus.

LA BLACHE, (Edouard Maximilien de),
. . . . 4,000 liv.
Héritier et gendre de Paris Duverney.

Observations.

Rira-t-on, pleurera-t-on de pitié en voyant Edouard Maximilien de la Blache porté pour 4,000 liv. de pension, au livre des indignités, et cela pourquoi, c'est que Paris Duverney a prêté de l'argent à Louis XV. C'est que Louis XV ne lui a pas rendu, et que le monarque défunt dont l'ame est sans doute à tous les diables, a jugé plus convenable de faire payer au peuple ses plaisirs illicites que de le payer de ses épergnes qui étoient bien minces. Comment sans indignation voir l'héritier d'un Crésus recevoir ici le prix d'une scélératesse, car on ne peut appeller que de cette maniere, tout emprunt qu'un monarque fait à un lâche partisan engraissé du sang d'un peuple ; de tels monstres regorgent de richesse, pendant que nous expirons de besoin.

RUTLAND, (Georges de), ... 3,000 liv.

Petit fils du mignon de Louis XV.

Observations.

Monsieur Rutland officer de la marine, a 3,000 liv. de pension sur le Livre Rouge, son père a joui de pareille somme, et pourquoi? quels sont les services rendus à la patrie par ses ancêtres? les voici, c'est que son grand pere a été le compagnon favori des jeux de l'enfance de Louis XV : élevé avec ce monarque débauché, et lui servant de complaisant, il étoit bien naturel qu'il reçût le salaire de ses bassesses. Mais pourquoi les descendans profitent-ils des mêmes avantages dans la situation critique et malheureuse où la nation est réduite? C'est une injure faite a la raison et à la droiture, au bons sens et à la probité.

D'Emery, (Joachim Grégoire), . . . 2,000 liv.
Ancien inspecteur de police.

Observations.

Connoît-on bien d'Emery, le plus grand gredin de la police, patron né des plus vils mouchards de la capitale, le plus déterminé coquin de la pousse, et le plus effronté des limiers de l'ancienne police, et de l'administration. Sans doute on ne peut ignorer que ce déteſtable agent des lieutenans Albert, le Noir, et de Croſne, n'aye mérité mille et mille fois la corde ; mais au contraire c'eſt une penſion de 2,000 liv. qui le récompenſe de ſes affreux ſervices, et c'eſt tonjours de cette maniere que les récompenſes ſont aſſignées. Une bonne pierre au cour, et vingt braſſes au fond de la rivierre, c'eſt ainſi qu'on devroit récompenſer les voleurs, et d'Emery jouiroit à coup ſûr de cette juſte rétribution.

QUIDOR, (Laurent René), . . . 1,000 liv.
Pour ſervices rendus.

Obſervations.

Un laron ne va jamais ſans un autre, et, il n'étoit je crois pas facile de mieux rencontrer, pour donner au ſieur Demery un digne acolite. M. Quidor à 1,000 liv. de penſion, veut-on ſavoir le motif d'une telle penſion ? C'eſt qu'une catin de l'hôtel-de-Soiſons, dans un moment d'yvreſſe, ôſa ſe comparer à la Reine de France, ſans doute elle avoit tort ; mais, *in vino veritas.* Les propos furent rendus, et comme toutes vérités en ce tems-là n'étoient pas auſſi bonnes à dire qu'en celui-ci, Quidor qui veilloit toujours quand il avoit quelques bonnes étoffes à rétirer firenfermer la délinquante à Saint-Martin, et enveloppa dans la fouscription comme complices, toutes les pauvres malheureufes du quartier, son zèle fut vanté, et l'héroïne des propos tangreneux de l'entrepreneufe des plaifirs publics fe donna du mouvement pour que l'infpecteur de police fût récompenfé. Voilà des chef d'œuvres des perfonnes royales, quelle abomination !

Murcy, (Argentan Comte de), . 2,000 liv.

Ancien envoyé de Vienne à la cour de France.

Obfervations.

Quand je vois fur le calendrier Grégorien, Saint-Euftache, Saint-Thomas et Saint-Laurent, je ne puis que dire, ah ! grand Dieu ! grand Dieu que de j. f. en paradis. De même quand je vois Murcy, Argentan, fur le Livre Rouge, je dis, ah ! bon Jefus que de coquins dans cette collection. La chronique de tous les félérats qui ont figuré dans les révolutions, n'en indique pas un auffi abominable que cet envoyé de la cour de Vienne. Ce monftre infâme étoit plutôt députe au cabinet fecret de Marie-Antoinette, qu'au confeil du Roi. C'eft ce félérat qui a été l'agent perfide des fommes énormes qui ont été envoyées à son maître que la mort vient enfin de moissonner pour le bonheur des hommes, et dont il a recueilli la plus grande partie, et l'on souscrit à cette pension. Je le crois bien, députés, vous n'osez approuver ces pensions, vous avez l'air de les ignorer. C'est en effet le meilleur parti, je vous le conseille, il y auroit trop à rougir, et je vous en crois encore susceptibles.

J. P. CHENON (pere commissaire au Châtelet de Paris), ... 1,200 liv.

Pour son grand âge, son peu de fortune et le zéle avec lequel il a rempli ses devoirs en qualité d'inspecteur de la Bastille.

Observations.

Le grand Chapitre des atrocités n'étoit pas encore terminé; il falloit encore qu'au moment même, où le citoyen gémit sur les pertes occasionnées par les concussions ministérielles, c'est au moment que l'homme libre va contempler avec satisfaction ce vaste terrain où étoit élevé l'antre du despotisme et le tombeau horrible, où la rage d'un certain nombre de scélérats engloutissoit toutes vivantes ses malheureuses victimes, c'est, dis-je, à ce moment même que M.

le Comte de Saint-Prieft écrit à l'affemblée que le Roi, dans une circonftance auffi cruelle, accorde à M. Chenom 1,200 liv. de plus pour les motifs ci-deffus défignés. La Baftille n'exifte plus et le plus grand coquin de la compagnie des commiffaires au Châtelet, l'agent de Lenoir, un valet de boureau fe trouve pour ainfi dire penfionné et protégé par Louis XVI. Conduite inconcevable et affligeante pour ceux qui croient fermement aux proteftations fimulées du reftaurateur de la liberté.

GOURDAN DE SAINT-SAUVEUR, . 4,000 liv.

Voyez le commiffaire Chenon, la felle et les fabots de même bois.

Obfervations.

A chaque article de cet important Livre Rouge on découvre de nouvelles injuftices et les plus criantes iniquités, encore un des fuppots de l'ancienne police qui reçoit ici des récompenfes pour avoir perfécuté avec la plus grande barbarie les malheureux détenus à la Baftille, et encore par le propre mouvement d'un monarque qui fe dit jufte, fenfible et compatiffant, comment croire à ces vertus, quand elles fe trouvent démenties par l'évidence ? C'eſt encore M. de Saint-Priest qui est en cette affaire l'interprete des intentions de S. M. cette malheureuse découverte donne un furieux croc en jambe au discours prononcé par le rói à l'assemblée nationale, peut-on se dire le pere d'un peuple quand on l'opprime, et fera-t-on toujours un si grand fond sur notre bonacité, que de nous croire éternellement dupes des apparences.

MESMER, (Paul-Henri). . 2,000 liv.
Pour avoir magnétisé les dames de France.

Observations.

Je ne dirai pas que ce soit réellement pour cet article que ce charlatan, aussi impoſteur que Comus, se trouve classé pour 2,000 liv. sur le livre rouge ; mais enfin il faut une cause, et comme le motif n'est pas désigné, je ne vois ici que le magnétisme qui peut avoir engagé le monarque à gratifier le propriétaire du baquet magnétique. D'ailleurs dans ce temps-là tout étoit magnétisme, la reine magnétisoit le compte d'Artois, M. Necker magnétisoit les finances, Louis XVI magnétisoit le vin de Bourgogne, et Mesmer magnétisoit les jolies femmes et l'argent des sots. Un tel

article

article est bien fait pour mettre le livre rouge
en vogue.

MAZURIER, (Chrisostôme).   1,000 l.
Grand principal d'artillerie.

Observations.

J'ignore encore, ou plutôt je m'étois long-
temps creusé la tête pour savoir ce que c'étoit
qu'un grand principal d'artillerie; mais infor-
mation faite, j'en ai plus appris que je n'aurois désiré en savoir. Le sieur Mazurier reçoit
mille livres de pension portées sur le livre
rouge, et 12,000 liv. sur la liste imprimée
des pensions. Sa fonction étoit de veiller au
dépôt des armes de l'arsénal; la veille que
la bastille fut prise, à tout hazard et à tout
évennement, le sieur Mazurier, tout aussi
aristocrate qu'il soit possible de l'être, fit
enlever du magasin la plus grande partie des
armes, et les fit transporter à l'hôtel royal
des invalides, et le sieur de Sombreuil les
reçut. Si le public vengeur des desseins iniques
des sélérats, avoit été instruit à temps de
cet évennement, le sieur Mazurier auroit reçu
le paiement de sa pension à la lanterne, conjointement avec le sieur Delaunay; il prit la
fuite dans ces momens de crise, et se réfugia
chez

chez le prêtre Mazurier son frere, vicaire de Saint-Paul, et là l'abbé Lebossu, curé de Saint-Paul, lui dévoila la trahison des principaux de la bastille ; sans s'émouvoir de cette nouvelle, il répondit avec le sang froid de la barbarie, bon, tant mieux, quelques troupeaux de ces canailles de moins, et nous n'en vivrons que mieux.

MALISSET, (Guillaume Thomas) 2,000 l. Entrepreneur des moulins de Corbeil.

Observations.

Si le fameux reverbere eût dans tous les temps, réclamé ses droits, et se fût constamment attaché à sa proie qui mieux que Guillaume-Thomas Malisset eût décoré cette potence patriotique, lui qui par un commerce abominable, a tant cooperé à la misére publique. Ses moulins de Corbeil autorisés par le gouvernement qui dans ce temps présidoit aux empoisonnemens des subsistances du peuple dont il étoit surchargé, étoient et sont encore à coup sûr la plus détestable des inventions, on y a moulu jusqu'à des Fevroles que les bestiaux avoient dédaignées. On observera que c'est aux sollicitations de M. Necker du Génevois patriote que le farinier de Corbeil doit cette illégitime

T 2

pension,

pension, le livre rouge en contient 160, aux mêmes recommandations, doit-on s'étonner après cela que ce Dieu de la fable, ce génie tutélaire de la nation et des accapareurs (car il sait tout concilier), se soit si long-temps refusé à l'inspection de cet infernal borderau. Ce Malisset le vrai pendant de Pourceaugnac a donné cent mille écus en mariage à une de ses filles, et est l'ame actuelle des comités des finances.

Observations particulieres.

Si je n'avois eu en vue que de faire une compilation de mensonges rouges, j'aurois emprunté la méthode de M. l'abbé de la R. mais comme j'établis mes observations sur des preuves, il m'est impossible de m'y conformer; voila pourquoi je ne lui ai pas donné de mon chef une pension sur le livre rouge. Mais je prie le sieur abbé de la R. de s'en consoler. Quelque jour il me prendra fantaisie de donner au public, le livre rouge de la police, et les écroues du grand châtelet, alors son nom qui y est cotté pour ainsi dire, à toutes les feuilles me fournira une observation qui l'en dédommagera.

Fin de la huitieme et neuvieme livraison.

LE
LIVRE ROUGE
EXPLIQUÉ,

O U

CLEF du Coquinisme des Ministres, de l'abus des faveurs du Trône, des bontés du Monarque, des déréglemens des Princes ses Freres, des puérilités de la Cour, &c.

TROISIEME CLASSE.

Dixieme & onzieme Livraison.

Pro Patria & libertate,

(Original du Livre Rouge, papier de Hollande, belle fabrique de D. & C. Blauvv.)

DE L'IMPRIMERIE ROYALE.

1790.

AVIS INDISPENSABLE.

LE Comité des Finances s'annonce, dans la publication du Livre rouge, comme *ami de la vérité*, & cependant il la déguise. Quel intérêt particulier le force à trahir ainsi le principe de ses recherches ? C'est l'observation que fait M. Necker en le remettant, que l'intention du Roi consiste à voiler aux yeux de la Nation les dépenses folles & insensées de son aïeul, dépenses exorbitantes qui ont commencé à opérer la naissance du *problême* de la dette de l'Etat, en déduisant la totalité des sommes employées, tant pour

les freres du Roi,

que pour les dons & gratifications,

pensions & traitemens,

aumônes (1),

indemnités, avances & prêts,

acquisitions, échanges,

affaires de finances,

____

(1) Partie la plus foible, mais encore trop conséquente, quand on a des dettes légitimes à payer.

affaires

affaires étrangeres, & poftes,
dépenfes diverfes (1),
& les dépenfes perfonnelles au Roi & à
la Reine. Ce Comité a laiffé ignorer à
la Nation les motifs qui ont donné lieu
à la confommation prodigieufe des finances: ce font ces motifs qu'il eft effentielle-
ment néceffaire de dévoiler : en conféquence,
l'objet de ce travail eft de percer l'obfcu-
rité qui regne dans l'expofé de ce Livre ;
de lire à travers les bandes de papier ap-
pofées fur les articles que M. Necker a jugé
à propos de dérober aux yeux maintenant
ouverts de la Nation ; car il n'eft pas poffible de fuppofer que ce foit là la volonté d'un
Monarque qui ne veut plus prendre d'autre
guide que l'équité. C'eft donc ce Directeur des finances, c'eft fon ambition, fa
cupidité, qui perce toujours, malgré fon
mafque impofteur, qui prétend nous interdire les connoiffances néceffaires ; & fur cet
article, aidé par *Camus, l'Abbé d'Expilly,
le Marquis de Montcalne Gozon, l'Abbé
Fréteau, Champeaux, Palafne, Cotin*, &c...
La France n'eft que foiblement inftruite.

____

(1) Mot vague, indéterminé, qui ne fignifie rien.

Ouvrons

Ouvrons donc le Livre rouge ; examinons au hasard les principaux articles qu'il renferme ; démasquons les personnages qui y jouent un rôle intéressant ; prouvons à un Peuple depuis trop long temps abusé, que quand les guerres civiles n'auroient pas opéré notre destruction, la famine, la déprédation des finances auroient produit notre extinction.

En un mot, remplissons les obligations du Comité des Finances, puisqu'il s'y fouftrait par une coupable réserve, & apprenons à tout un Peuple, combien on abuse de sa confiance & de sa crédulité, & que le Roi lui-même, tout en s'entourant de la Nation, est encore & sera toujours la victime & la premiere dupe du faux zèle, de l'ambition & de l'hypocrisie des Repréfentans du Peuple Français, & des Ministres actuels, qui ne se dépouillent qu'en apparence, mais qui jouissent encore de leurs larcins & du fruit de leurs baffeffes.

Cependant, le Comité des Finances ne craint pas d'avouer, qu'il s'est abstenu de *porter un œil curieux* fur les articles, dont la connoissance & le développement lui étoient interdits, & il dit, dans son

préambule

préambule insidieux, qu'il ne s'y est déterminé que *fidele aux principes de l'Assemblée Nationale.* Cependant, il dit avoir fait
*l'examen le plus attentif de la forme & de
l'état du Livre :* premier faux de toute no-
toriété. *Après s'être assuré qu'il étoit dans
son intégrité & sans altération ;* second faux
prouvé par son exposé même, puisque le
Directeur Necker a, de son propre aveu,
scellé de bandes papiers, les articles qu'il
lui a plu de nous laisser ignorer, & il a
fait le dépouillement qui va suivre ; mais
non sans intégrité, comme il nous l'annonce.

C'est le 27 Août 1788, que M. Necker
a été nommé Ministre d'Etat, Directeur-
Général des finances, & depuis premier
Ministre des finances ; conséquemment c'est
en partie depuis cette époque, que tout a
été de mal en pis. Toutes les notes qui
sont sur le Livre rouge depuis ce moment,
sont de la main de ce Ministre infidele, & il
n'est pas inutile d'observer combien, à cet
égard, nous avons trop long-temps été ébloui
de son faux désintéressement & de sa vertu
de parade. Passons aux preuves.

U CHA-

CHAPITRE PREMIER.

Freres du Roi.

JE vois, sur le Livre rouge, pour Monsieur & le Comte d'Artois, la totalité de . . . . . 28,364,211 l. 13 f. 6 d. depuis l'année 1774, jusqu'à celle de 1787, & le tout suivant la décision de Sa Majesté.

Observations.

C'est à tort qu'on pourroit croire que le Monarque se soit décidé de son propre mouvement à faire un sacrifice aussi onéreux pour la Nation. On doit se rappeller sans doute les *bons* qui lui ont été extorqués : ce sont ces mêmes *bons* auxquels aujourd'hui on cherche à donner une apparence de justice, qui produisent la totalité de cette somme.

A la suite de ces articles, vient un Mémoire où le Directeur des finances réclame, en faveur du Comte d'Artois, 4 millions pour l'année 1784, & 11 millions 600,000 liv. par partage, dans la con-

concurrence de sept années, pour, soi-disant, l'aider à payer ses dettes : or, 7,400,000 liv. lui ont été d jà payés ; quel usage en a-t-il fait ? Il a construit *Bagatelle*, le séjour du libertinage, de la plus infame débauche ; il a singé *Astley* dans les courses ; il a acheté des chevaux, des filles de joie, des ganimedes, &c. A-t-il payé quelques dettes ? Pas un sou. Donc, sacrifices en pure perte.

Quel usage Monsieur a-t-il fait de 8 millions 714,211 liv., depuis l'année 1774 jusqu'à celle de 1787 ? Il a entretenu la Balby, a fait des folies secretes ; & tout récemment, pour couronner l'œuvre, pour ajouter un nouveau lustre à sa sottise, c'est au moment où la Nation entiere a les yeux ouverts sur les actions des Princes, c'est au moment où, relativement à l'affaire de Favras, il vient modestement dire aux Communes assemblées, qu'il a grandement besoin d'argent, que l'épuisement de ses finances l'a engagé à intriguer pour un emprunt, qu'il vient de faire 600 liv. de pension au sieur Fleury, Baladin de son Théâtre, sis faubourg Saint-Germain, pour l'avoir enchanté dans le rôle du Marquis *Tulipano*. Sans

doute

doute il seroit intéressant d'avoir aussi la connoissance du *Livre rouge* des Princes du Sang royal, & l'on ne seroit plus étonné de ce que ces mêmes Princes ont si souvent & illégitimement fait de si abondantes saignées au Trésor royal.

Les conditions proposées au Roi par Calonne, pour obtenir de la bonté royale les 11,600,000 liv. sont, *1.° que le secret le plus absolu sera gardé sur le détail de l'arrangement.*

Comment le Roi a-t-il pu apostiller ce mémoire de son consentement? S'il est affreux pour un Frere de Roi de contracter des dettes criardes, n'est-il pas plus affreux pour un Monarque, de dépouiller son peuple, pour payer ces mêmes dettes? Doit-on être étonné que le Contrôleur des finances, l'infame Calonne, ait proposé ce secret? Non, certes; mais il est incompréhensible que Louis XVI, s'y soit prêté; cette adhésion de sa part est une preuve non équivoque de son aveuglement & de sa foiblesse.

2.° Que pour éviter le même dérangement dans les finances du Comte d'Artois, il retranchera l'excessive dépense de sa maison, notamment de son écurie. Il falloit bien

bien séduire le bonace Louis XVI, par une apparence d'économie.

3. Que le Comte d'Artois fourniroit au Roi un état annuel de ses recettes & de ses dépenses : encore une ruse ministérielle.

Enfin, que le Comte d'Artois ne feroit aucune acquisition de terres, sans le consentement exprès de Sa Majesté. On peut observer ici, qu'il n'est nullement mention des *petites Maisons*, des bord*** construits par ce Prince voluptueux, sans mœurs & sans délicatesse. C'étoit un article à part, dont Sa Majesté a toujours ignoré l'existence.

Au bas est écrit, de la main du Roi : *Approuvé les présentes propositions.* Quel sanction, & combien le Monarque doit en rougir !

CHAPITRE II.

Dons & Gratifications.

DU 21 Avril 1774, au sieur Hubert, Apothicaire . . . . 3,000 liv.

Observations.

Observations.

Le Livre rouge du regne de Henri IV, s'il en existoit un, doit, sans doute, faire mention des pensions secretes que Catherine de Médicis payoit à son empoisonneur à gages, pour la débarrasser des personnes qui lui nuisoient à la Cour de France. C'est sûrement pour le même motif, que le fabricateur de décoctions, le sieur Hubert, est employé sur celui-ci, pour la somme de 39,000 liv. Seroit-ce lui qui a fourni le poison qui a envoyé les *Maurepas* dans l'autre monde ? ou n'est-il si généreusement gratifié que pour avoir fourni à la Cour des pillules anti-vénériennes, dans les circonstances urgentes où elle s'est trouvée depuis quelques années ? Pourquoi le clair-voyant M. Necker n'a-t-il pas couvert cet article d'une bande de papier ? Rendons graces à cet oubli de sa part, qui nous met à même de raisonner conséquemment sur l'emploi secret des finances.

Au 4 Septembre de la même année, 100,000 liv. à M. de Miromesnil, pour son établissement.

Observation.

Observation.

Et le Roi a pu se résoudre à parapher de sa main bienfaisante cette extravagante donation ! Comment concilier cet article révoltant de démence avec la sagesse consignée dans son discours à l'Assemblée Nationale ? Un Roi peut être sans doute aveuglé, mais il est ridicule qu'il le soit autant. c'est en voyant de semblables articles, qu'on peut révoquer en doute la bonté & la prudence du Monarque.

En 1779, au sieur Gourdin, pour lui aider à acheter la charge du sieur Gasse, ... 15,000 l.

Observation.

Qu'importe-t-il à la France que ce soit M. Gourdin qui possede la charge du sieur Gasse ? & quels importans services a rendus à l'Etat M. Gourdin, pour lui accorder aussi libéralement 15,000 liv. ? Sans doute on les lui laissera, & l'on ne l'obligera pas à la restitution, pour peu que la Nation soit disposée à lui tenir compte des services particu-

liers

liers qu'il a rendus à Madame Louise, lorsqu'il étoit son Chambellan ?

Au 21 Août même année, à M. de Vergennes, pour son retour de Suede, ... 50,000 l.

Observation.

Ce n'est réellement que pour notre malheur, le malheur commun de la France entiere, que M. de Vergennes est revenu de Suede, & cependant il a été gratifié de 50,000 liv. Voilà de l'argent bien employé ! Je serois curieux de savoir ce que le Livre rouge a donné au Baron de Stael, Ambassadeur extraordinaire du Roi de Suede, & gendre de M. Necker ; mais la prudence & le rare discernement du beaupere a, désagréablement pour nous, en cette circonstance, employé le sceau de la bande de papier : or, il faut se taire.

Au 15 Février 1778, présent à Madame la Comtesse d'Artois, de la somme de 24,078 liv. pour la naissance de Monseigneur le Duc de Berry.

Observation.

Ce n'est pas assez que les naissances des
Princes,

Princes, la formation de leurs apanages, occasionnent des dépenses énormes, & abîment, pour ainsi dire, la Nation ; ce n'est pas assez des autres dépenses extraordinaires, il faut encore voir sur le Livre rouge des présens de 24,078 liv. faits à la Comtesse d'Artois, tandis que, d'un autre côté, l'Etat est épuisé pour payer les dettes de l'époux.

En 1780, à M. Duvergier, gratification au porteur, de . . . . . . 30,000 liv.

Observation.

Tudieu, quelle bagatelle ! 30,000 liv. à M. Duvergier ! & qu'est-ce donc que ce M. Duvergier ? est-ce un Ministre ? Non. Un Ambassadeur ? Non. Un Lieutenant-Général ? Non. Un Maréchal de France ? Non. C'est un Premier Commis du Bureau de la Guerre. Voilà 30,000 liv. bien employées !

Le 29 Juillet 1781, ordonnance à Madame la Comtesse de Maurepas, de la somme de 166,666 liv. 13 s. 4 d.

Observation.

C'est sans doute pour récompenser Ma-

X

dame

dame la Comtesse de Maurepas, des ser-
mons qu'elle a faits à la Reine de France, sur
ses égaremens, que pareille somme lui a été
accordée. Jamais les Carêmes de Massillon,
Bourdaloue, & Fléchier, n'ont été payés
aussi cher.

En 1780, ordonnance au porteur, de-
mandée par M. le Garde-des-Sceaux, de la
somme de . . . . 12,000 liv.

Observation.

Il étoit fort agréable, dans ces temps de
fraudes & de concussions, de n'avoir qu'à
demander, pour obtenir 12,000 liv. sur la
demande pure & simple de M. le Garde-des-
Sceaux. On s'imagine facilement que lui-
même étoit le porteur de l'ordonnance. C'est
une bien belle prérogative, d'approcher les
Rois de près !

En 1782, ordonnance au porteur de
1,200,000 liv. pour aider le Duc de Polignac à contracter l'engagement de la Comté
de Fénétrange.

Observation.

1,200,000 liv. à un maq.... titré, au
mari de la plus fameuse tribade de ce
siécle,

fiécle, pour ajouter un Comté aux autres faveurs de la Cour, pour enrichir un fcélérat, dont les principes déteſables ont empoiſonné le caractere d'une Reine deſtinée à former le bonheur des Français! Tels font cependant les articles paraphés de la main du Roi; & c'eſt à la follicitation de fon épouſe, que le Monarque aveugle avilit fa majeſté par de femblables confentemens!

En Mars 1781, ordonnance au porteur de 60,000 liv. en contrats de rentes viageres, pour aider le fieur Gonnet à payer fes dettes.

Observation.

Que la Cour ne paye-t-elle auſſi les dettes du fieur Pinet & de tous les autres banqueroutiers en faveur, puifqu'elle paye ainſi la banqueroute en partie, du fieur Gonnet? Cet indigne emploi des finances du Tréfor royal, a été réclamé par le Miniſtre de la Marine. En vérité, Louis XVI ne paſſera jamais, dans l'efprit de la poſté-rité, pour un calculateur habile.

En 1782, ordonnance à M. de Civrac,

vrac, de 285,000 liv. à lui promises après
la paix.

Observation.

M. de Civrac a été l'instigateur de la
guerre maritime de 1781 : les ressorts secrets
qu'il a eu l'art de monter à gré, pour la faire
cesser, lui ont valu cette ordonnance de
285,000 liv. Il est à observer, que M. de
Civrac est le plus fourbe politique de ce siécle.
Trés-certainement cette gratification ne pouvoit se classer sur la liste publique des pensions ; il étoit important de dissimuler à la
Nation une gratification aussi extraordinaire
& aussi peu méritée.

6,000 liv. à M. Spon, Premier Président
du Conseil de Colmar.

Observation.

Si l'on considere M. Spon comme un
homme utile, actif & laborieux, c'est
sans doute lui accorder beaucoup trop,
que de lui donner 6,000 liv. ; mais si on
le considere comme un débauché, comme
un homme rayé de la bonne société,
comme un agent dangereux du Ministere,

ſi c'eſt en conſidération de la réputation dont il jouit en Alſace, qu'il eſt gratifié ; alors, moi qui ſuis l'echo de cette Province, je trouve qu'il n'eſt pas aſſez payé, & que puiſque les vices & l'ambition ont ſeuls, dans ce ſiecle, droit aux récompenſes, que M. Spon ne l'eſt ici que foiblement.

Au ſieur le Riche, ordonnance au porteur, pour être convertie en rentes viageres, de la ſomme de . . . . 20,000 liv.

Observation.

Ce Monſieur le Riche, bien nommé, étoit Gentilhomme de la Chambre : on ſe retire, je crois, très-agréablement, avec un fond de 20,000 liv. : il eſt, en cas pareil, bien plus utile de ſervir le Roi dans ſa chambre ou à la garde-robe, qu'à la tête de ſes armées.

En 1783, 24,000 liv. à la Comteſſe d'Artois, pour ſon accouchement.

Observation.

On ne peut guere accoucher â moins, comme Comteſſe d'Artois ; on peut, en ſemblable circonſtance, faire les frais de la layette, des dragées & du baptême.

Au

Au sieur Leclerc, Administrateur de la
Loterie Royale de France, une ordonnance,
pour remise des droits de marc d'or, de la
somme de . . . . 9,675 liv.

Observation.

C'est cependant, malgré les preuves in-
finies & multipliées qu'on a sous les yeux, du
bénéfice qui résulte du calcul de la Loterie
Royale, funeste en France à des milliers
d'individus, que le sieur Leclerc jouit de
la remise des droits du marc d'or. Il est
affreux de tromper le Roi aussi impunément.
Doit-on croire à la voracité de sa signature,
& n'est-il pas au contraire, plus évident que
le paraphe de Louis XVI est supposé? Au
moins, sa gloire ne souffriroit pas tant.

158,993 liv. par ordonnance au porteur,
remis à M. de la Galaiziere, pour la vente
des bijoux & diamans de la Princesse Chris-
tine, & remis par lui à la Reine, suivant la
décision du Roi.

Observation.

Le voilà, ce Monarque si bon, si
généreux, si sensible, si bienfaisant! En
1790,

1790, il gémit fur la mifere de fon Peuple, fur fon infortune & fur fon adverfité,
& en 1783, il donne à la Reine pour
158,993 liv. de diamans et de bijoux inutiles.
Si la magnificence fied à la majefté des Sou-
verains, combien n'eft-il pas cruel, pour un
Peuple obéré & languiffant dans l'indigence,
de voir l'emploi d'une pareille fomme! & ne
doit-il pas gémir fur un fafte qui lui eft fi pré-
judiciable ?

A M. le Comte d'Angiviliers, pour fecours . . . . 100,000 liv.

Obfervation.

C'eft M. le Comte d'Angiviliers qui
a fuccédé à M. le Marquis de Marigni,
dans la place de Surintendant des Bâtimens
du Roi; il n'eft qui que ce foit, qui ne fache que la nomination feule de cette place
eft une des plus fortes récompenfes de
la Cour, vu les larcins qui fe commettent,
vu les bénéfices immenfes qui en réful-
tent. Cependant, M. le Comte d'Angiviliers a befoin de fecours; difons bien
plutôt que Mlle. Valayer, de l'Académie
Royale de Peinture, en a befoin; que le

Comte

Comte d'Angiviliers, chargé depuis long-temps de fournir son équipage, & d'entretenir sa maison, ne le peut sans aide; & le Roi de France, la bonté même, accorde tout; & le Livre rouge conserve bien précieusement la note de ces indignes pensions !

En 1786, pour la construction d'un nouveau ballon, accordé à M. de Montgolfier . . . . 40,000 liv.

Observation.

En 1786 nous manquions déjà de pain; l'Etat se voyoit de plus en plus plongé dans la misere; les dettes du Trésor royal s'accumuloient à chaque instant; le Royaume perdoit de son crédit, & cependant on accorde à un charlatan aérostatique 40,000 liv. pour la construction de ses chimeres : cette somme exorbitante, sacrifiée en pure perte, eût nourri, pendant une année, 40 mille familles indigentes : alors le nom de Louis eût été consacré par la reconnoissance & la vénération, au lieu qu'il n'est ici que l'objet des louanges, de la sottise & du frivolisme.

Pour

Pour le pot-de-vin du Bail des Fermes,
. . . . 30,000 liv.

Observation.

Peut-on payer aussi cher le droit de voler publiquement le Roi & l'Etat ? Au lieu de recevoir un tribut bien légitimement dû par ces sangsues, c'est au contraire le Roi qui paie ces fripons; & combien ? 30,000 liv. C'est acheter énormément cher les indignes vexations de ces scélérats.

En 1788, gratification au Garde-des-Sceaux Lamoignon, de la somme de 20 mille livres.

Observation.

C'est ainsi qu'à la Cour de France les forfaits étoient récompensés. L'infame Lamoignon, mort comme il a vécu, engraissé au Ministere du sang des malheureux, se voit gratifié clandestinement de 20,000 liv., & en avoit 100,000 de pensions avouées publiquement. Etonnons-nous maintenant de la disette du numéraire !

C H A.

CHAPITRE III.

Traitemens & Pensions.

Observations.

LE Maréchal de Biron, Général des Gardes-Françaises, ce Colonel dur & intraitable . . . . 20,000 liv.

A M. de la Bove, ce partisan déclaré, ce monopoleur insigne, la somme de 5,000 liv.

A Madame de Pile, la gourgandine à la mode de l'année 1787, la somme de . . . . 12,000 liv.

A Madame la Comtesse d'Albany, 60,000 liv.

Autre observation.

Je suis peu surpris que le Livre rouge se soit épargné la peine de faire une citation particuliere, sur le compte de la Comtesse d'Albany, cette Italienne rusée, qui posseda si long-temps la faveur de la Reine de France, & qui, à sa sollicitation, en obtint 60,000 liv. de pensions;

la

la Comtesse d'Albany est la protectrice
déclarée des Grisettes, l'exemple du libertinage & de la trahison. Impérieuse, ja-
louse & vindicative, elle réunit toutes les
imperfections; exception faite d'une créature
que je n'ai que faire de nommer. Je n'ai
connu à la Cour de France que la Duchesse
de Polignac qui puisse l'égaler en défauts, en
vices & en perversités. On l'a retrouvée trois
fois portée pour pareille somme & à la même
sollicitation.

En 1782, 20,000 liv. à Madame d'Ossun,
Dame d'Atours de la Reine, pour sa table.

Observation.

Madame d'Ossun, en bonne conscience,
il faut que le Monarque Français soit fou, &
vous bien impudente, pour avoir inscrit sur
le Livre rouge un aussi impertinent article :
il est inconcevable, qu'il ait existé un pareil
trait d'extravagance, & cependant il est réel.
Croyez vous que le Peuple, en lisant cette
note, ne vous enverra pas à tous les diables,
& ne vous adressera pas les épithetes que
vous méritez à tant d'égards ? Il le fera
sans doute; & si votre nom n'etoit pas con-

signé

ſigné dans l'Almanach des Griſettes, & dans les annales du putaniſme, ce ſeroit en voyant cela qu'il faudroit l'y placer.

A M. Thierry, en attendant qu'il ait un ſou d'intérêt dans la Régie des Domaines, ... 4,000 liv.

Obſervation.

M. Thierry, le plus plat gueux que je connoiſſe, le plus infame ſpéculateur de la Cour de France, jouit tranquillement de ces 4,000 liv., en attendant ſon ſou marqué. Depuis trop long-temps l'adminiſtration vicieuſe des Domaines accorde ces rétributions, & le Roi, toujours léſé, y conſent. Quand donc ouvrira-t-il les yeux?

Fin de la dixieme & onzieme livraiſon.

Fin d'une série de documents
en couleur